我的伯父鲁迅先生

周晔 等/著

目录

上辑

3　我的伯父鲁迅先生／周晔

8　记忆中的父亲（节选）／周海婴

15　回忆鲁迅先生／萧红

60　鲁迅先生记／萧红

63　回忆鲁迅（节选）／郁达夫

下　辑

81　　藏书一瞥／许广平

86　　鲁迅在日本／冯文炳

93　　杂谈翻译／许寿裳

98　　杂谈著作／许寿裳

102　鲁迅的精神／许寿裳

110　鲁迅的人格和思想／许寿裳

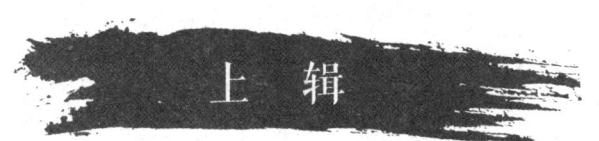

上 辑

我的伯父鲁迅先生

周　晔①

　　伯父鲁迅先生在世的时候,我年纪还小,根本不知道鲁迅是谁,以为伯父就是伯父,跟任何人的伯父一样,没有什么特别了不起。伯父死了,他的遗体躺在万国殡仪馆的大礼堂里,许多人都来向他致敬,有的甚至于失声痛哭。数不清的挽联挂满了墙壁,大大小小的花圈堆满了整间屋子。送挽联、花圈的有工人,有学生,各色各样的人都有。那时候我有点惊异了,为什么伯父得到这么多人的爱戴？我呆呆地望着来来往往吊唁的人,想到我就要永远见不到伯父的面了,听不到他的声音了,也得不到他的爱抚了,泪珠就一滴一滴地掉下来。

　　就在伯父逝世那一年的正月里,有一天,是星期六

---

　　① 周晔（1926—1984）,浙江绍兴人。鲁迅三弟周建人和其妻子王蕴如的大女儿,鲁迅先生的侄女。代表作有《我的伯父鲁迅先生》《鲁迅故家的败落》。

的下午,爸爸妈妈带我到伯父家里去。那时候每到周末,我们姐妹三个——蕖、瑾和我总要轮流跟随着爸爸妈妈到伯父家去团聚。这一天在晚餐桌上,伯父跟我谈起《水浒传》里的故事和人物。不知道伯父怎么会知道我读了《水浒传》,大概是爸爸告诉他的吧。老实说我读《水浒传》不过囫囵吞枣地看一遍,只注意紧张动人的情节;那些好汉的个性,那些复杂的内容,全搞不清楚,有时候还把这个人做的事情安在那个人身上。伯父问我的时候,我就张冠李戴地乱说一气。伯父摸着胡子,笑了笑,说:"哈哈!还是我的记性好。"听了伯父这句话,我又羞愧,又悔恨,比挨打挨骂还难受。从此,我读什么书都不再马马虎虎了。

那天临走的时候,伯父送我两本书,一本是《表》,一本是《小约翰》。现在这两本书我还保存着,可是伯父已经去世九年了。

有一次,在伯父家里,大伙儿围着一张桌子吃晚饭。我望望爸爸的鼻子,又望望伯父的鼻子,对他说:"大爷,您跟爸爸哪儿都像,就是有这么一点不像。"

"哪一点不像呢?"伯父转过头来,微笑着问我。他嘴里嚼着,嘴唇上的胡子跟着一动一动的。

"爸爸的鼻子又高又直,您的呢,又扁又平。"我望了他们半天才说。

"你不知道,"伯父摸了摸自己的鼻子,笑着说,"我小的时候,鼻子跟你爸爸的一样,也是又高又直的。"

"那怎么——"

"可是到了后来,碰了几次壁,把鼻子碰扁了。"

"碰壁?"我说,"您怎么会碰壁呢?是不是您走路不小心?"

"你想,四周围黑洞洞的,还不容易碰壁吗?"

"哦!"我恍然大悟,"墙壁当然比鼻子硬得多了,怪不得您把鼻子碰扁了。"

在座的人都哈哈大笑起来。

有一年的除夕,我们全家都到伯父家里去了。伯父买了许多爆竹和花筒给我们。我们都胆小得很,没有一个人敢放,伯父和爸爸就替我们放。他们每人捧了一大堆,走到天井里去。我们掩着耳朵,躲在玻璃门后面,睁大了眼睛望着他们。四扇玻璃门,我们三个和海婴一人占了一扇。伯母和妈妈站在我们旁边。

爸爸放的是爆竹,声音真大,可怕极了,虽然关紧了门,掩住了耳朵,也照样听得见。我们紧张极了,气都不敢透一口。

爸爸放完爆竹,轮到伯父放花筒了。火花在我们眼前飞舞,艳丽的色彩映照在伯父的脸上。我突然注意到他脸上的表情，那么慈祥，那么愉快，眉毛，眼睛，还有额上一条条的皱纹，都现出他心底的欢笑来。那时候，他的脸上充满了自然而和谐的美，是我从来没有看见过的。

一天黄昏，呼呼的北风怒号着，天色十分阴暗。街上的人都匆匆忙忙赶着回家。爸爸妈妈拉着我的手，到伯父家去。走到离伯父家门口不远的地方，看见一个拉黄包车的坐在地上呻吟，车子在一边扔着。

我们走过去，看见他两只手捧着自己的脚，脚上没有穿鞋，下边淌了一摊血。他听见脚步声，抬起头来，饱经风霜的脸上现出难以忍受的痛苦。

"怎么了？"爸爸问他。

"先生，"他那灰白的抽动着的嘴唇里发出低微的声音，"没留心，踩在碎玻璃上，玻璃片插进脚底了。疼得厉害，回不了家啦！"

爸爸跑到伯父家里，不一会儿，就跟伯父拿了药和纱布出来。他们把那个拉车的扶上车子，一个蹲着，一个半跪着，爸爸拿镊子给那个拉车的夹出脚里的碎玻璃片，伯父拿硼酸水给他洗干净。他们又给他敷上药，扎好绷带。那个拉车的感激地说："我家离这儿不远，这就可以支持着回去了。两位好心的先生，我真不知道怎么谢你们！"

伯父又掏出一些钱来给他，叫他在家里休养几天，把剩下的药和绷带也给了他。

天黑了，路灯发出微弱的光芒。我站在伯父家后门口看着他们，突然感到深深的寒意，摸摸自己的鼻尖，冷得像冰，脚和手也有些麻木了。我想，这么冷的天，那个拉车的怎么能光着脚拉着车在路上跑呢？

伯父和爸爸回来的时候，我就问他们。伯父的回答我现在记不清了，只记得他的话很深奥，不容易懂。我抬起头来，要求他给我详细地解说。这时候，我清清楚楚地看见，而且现在也清清楚楚地记得，他的脸上不再有那种慈祥的愉快的表情了，他变得那么严肃。他没有回答我，只把枯瘦的手按在我的头上，半天没动，最后深深地叹了一口气。

伯父逝世以后，我见到他家的女仆阿三。阿三是个工人的妻子，后来她丈夫失了业，她愁得两只眼睛起了蒙，看东西不清楚，模模糊糊的像隔着雾。她跟我谈起伯父生前的事情。她说："周先生病得那么厉害，还三更半夜地写文章。有时候我听着他一阵阵接连不断地咳嗽，真替他难受。他对自己的病一点儿也不在乎，倒常常劝我多休息，不叫我干重活儿。"

的确，伯父就是这样的一个人，他为自己想得少，为别人想得多。

记忆中的父亲（节选）

周海婴①

父亲的写作习惯

在我记忆中，父亲的写作习惯是晚睡迟起。以小孩的眼光判断，父亲这样的生活是正常的。早晨不常用早点，也没有在床上喝牛奶、饮茶的习惯，仅仅抽几支烟而已。

我早晨起床下楼，脚步轻轻地踏进父亲的门口，床前总是一张小茶几，上面有烟嘴、烟缸和香烟。我取出一支插入短烟嘴里，然后大功告成般地离开，似乎尽到了极大的孝心。许妈急忙地催促我离开，怕我吵醒"大先生"。偶尔，遇到父亲已经醒了，眯着眼睛看看我，也不表示什么。就这样，我怀着完成一件了不起的大事

---

① 周海婴（1929—2011），浙江绍兴人，鲁迅与爱人许广平之子。曾在北京大学物理系学习无线电专业，是中国的无线电专家。

的满足心情上幼稚园去。

整个下午，父亲的时间往往被来访的客人所占据。一般都倾谈很久，我听到大人们的朗朗笑声，便钻进去凑热闹。母亲没有招待点心的习惯，糖果倒是经常有的，有时父亲从小铁筒里取出请客。因此我嘴里讲"陪客人"，实际上是为分得几粒糖，待我纠缠一阵后，母亲便来解围，抓几颗打发我走开。我在外边玩耍一会儿回来，另一场交涉便开始了。这就是我为了要"热闹"，以解除"独生子"的寂寞，要留客人吃饭。父亲实际上已经疲乏，母亲是清楚的，可我哪里懂得？但母亲又不便于表态，虽也随口客气，却并不坚留。如果客人理解而告辞，母亲送客后便松一口气。如果留下便饭，她就奔向四川北路上的广东腊味店买熟食，如叉烧肉、白鸡之类。顺便再买一条鱼回来，急忙烹调。至于晚上客人何时告辞，我就不得而知了，因为我早已入了梦乡。

讲到睡觉，我想起在我四五岁时，床头旁的五斗柜上，总点着一支蜡烛。它是普通的白色蜡烛，每逢我不愿睡觉的时候，许妈便哄着点燃烛火，说"阿弥陀佛，拜拜！"这才骗取了熄灯的效果。可惜我虽经过幼小时的"培训"，至今仍没信佛，任何宗教也没有影响我。

如果哪天的下午没有客，父亲便翻阅报纸和书籍。有时眯起眼靠着藤椅打腹稿，这时大家走路说话都轻轻的，尽量不打扰他。母亲若有什么要吩咐佣工，也从来不大声呼唤，总是走近轻讲。所以此时屋里总是静悄悄的。

晚间规定我必须八点上楼睡觉，分秒必争也无效。因此夜里有什么活动，我一概不知。偶尔在睡意迷蒙之中，听到"当啷啷"跌落铁皮罐声，这时许妈正在楼下做个人卫生，不在床边，我就蹑足下楼，看到父亲站在窗口向外掷出一个物体，随即又是一阵"当啷啷……"，还相伴着雄猫"哗喵"的怒吼声。待父亲手边的五十支装铁皮香烟罐发射尽了，我下到天井寻找，捡到几只凹凸不平的"炮弹"，送还给父亲备用。这是我很高兴做的一件事。原来大陆新村的房子每户人家二楼都有一个小平台，那是前门进口处的遮雨篷。而雄猫就公然在这小平台上呼唤异性，且不断变换调门，长号不已，雌猫也大声应答，声音极其烦人。想必父亲文思屡被打断，忍无可忍，才予以打击的。

父亲对我的教育

曾有许多人问过我，父亲是否像三味书屋里的寿老师那样对我教育的？比如在家吃"偏饭"，搞各种形式的单独授课，还亲自每天检查督促作业，询问考试成绩；还另请家庭教师，辅导我练书法、学乐器；或在写作、待客之余，给我讲唐诗宋词、童话典故之类，以启迪我的智慧。总之，凡是当今父母们想得到的种种教子之方，都想在我这里得到印证。我的答复却每每使对方失望。因为父亲对我的教育，就是母亲在《鲁迅先生与海婴》里讲到的那样，"顺其自然，极力不多给他打击，甚或不愿拂逆他的喜爱，除非在极不能容忍，极不合理的某一程度之内"。

我幼时的玩具可谓不少，但我是个玩具破坏者，凡是能拆卸的都拆卸过。目的有两个：其一是看看内部结构，满足好奇心；其二是认为自己有把握装配复原。那年代会动的铁壳玩具，都是边角相勾固定的，薄薄的马口铁片经不住反复弯折，纷纷断开，再也复原不了。极薄的齿轮，齿牙破蚀，即使以今天的技能，也不易整修。所以，在我一楼的玩具柜里，除了实心木制拆卸不了的，没有几件能够完整活动。但父母从不阻止我这样做。对我"拆卸技术"帮助最大的就是前述瞿秋白夫妇送的那套"积铁成象"玩具。它不但使我学会由简单到复杂的几百种积象玩法，还可以脱离图形，自我发挥想象力，拼搭种种东西。有了这个基础，我竟斗胆地把那架父亲特意为我买的留声机也大卸开了。我弄得满手油污，把齿轮当舵轮旋转着玩，趣味无穷。母亲见了，吃了一惊，但她没有斥责，只让我复原。我办到了。从此我越发胆大自信。一楼里有一架缝纫机，是父亲买给母亲的，日本JANOME厂牌。我凭着拆卸留声机的技术积累，拿它拆开装拢，装拢又拆开，性能仍然正常。

在我上学以后，有一次父亲因我赖着不肯去学校，用报纸卷假意要打屁股。但是，待他了解了原因，便让母亲向教师请假，并向同学解释：的确不是赖学，是因气喘病发需在家休息，你们在街上也看到的，他还去过医院呢。这才解了小同学堵在我家门口，大唱"周海婴，赖学精，看见先生难为情……"的尴尬局面，友好如初。我虽也偶然挨打骂，其实那只是虚张声势，吓唬一下而已。父亲自己给祖母的信中也说："打起来，声音虽然响，却不痛的。"又说："有时是肯听话的，也讲道理的，所以近一年来，不但不挨打，也不大挨骂了。"这是一九三六年一月，父亲去世前半年，我已将七岁。

叔叔在他供职的商务印书馆参加编辑了《儿童文库》和《少年文库》的丛书，每种几十册。他一齐购来赠给我。母亲收藏了内容较深的《少年文库》，让我看浅的。我耐心反复翻阅了多遍，不久翻腻了，向母亲索取《少年文库》，她让我长大些再看，而我坚持要看这套书。争论的声音被父亲听到了，他便让母亲收回成命，从柜子里取出来，放在一楼外间我的专用柜里任凭选阅。这两套丛书，包含文史、童话、常识、卫生、科普等等，相当于现在的《十万个为什么》，却着重于文科。父亲也不过问我选阅了哪些，或指定看哪几篇，背诵哪几段，完全"放任自流"。

父亲给祖母的信里常常提到我生病、痊愈、顽皮、纠缠、读书和考试成绩等情况，有时还让我写上几句。从存留的书信墨迹里，在信尾尚有我歪歪扭扭的个把句子。我当时是想长长地写一大段的，表达很多心里话，可惜一握笔便呆住了。在一九三五年一月十六日的信里，父亲写道："海婴有几句话，写在另一张纸上，今附呈。"

父亲写信经常是用中式信笺，印有浅淡的花卉、人物和风景，按不同亲疏的朋友亲属选用。如遇到父亲写信，我往往快速地从桌子倒数第二个抽屉里挑选信笺，以童子的眼光为标准，挑选有趣味的一页。父亲有时默许使用，也有感到不妥的，希望我另选一枚，遇到我僵持不肯，彼此得不到一致时，他总是叹息一声勉强让步的。偶然父亲坚决以为不妥的，那当然只有我妥协了。据悉有一位日本仙台的研究者阿部兼也先生，他最近专门分析父亲信笺选用与收件者的内在关系。遗憾的是他不知道内中有我的"干扰"，使研究里渗进了"杂质"。在此，我谨向阿部先生表示歉意。

我小时候十分顽皮贪玩。但是我们小朋友之间并不常在弄堂玩耍，因为在那里玩耍受日本孩子欺负。母亲就让我们在家里玩，这样她做家务时就不用牵挂着时不时探头察看。有一回，开头我们还安静地看书、玩耍，不久便打闹开了，在客厅和饭厅之间追逐打闹，转着转着，眼看小朋友被我追到，他顺手关闭了内外间的玻璃门，我叫不开、推不开，便发力猛推，推了几下，手一滑，从竖格上一下子脱滑，敲击到玻璃上，"砰"的一声玻璃碎裂，右手腕和掌心割了两个裂口，血泪泪而下。小朋友吓得悄悄溜走了，而我也只顾从伤口处挖出碎玻璃，至少有三四小片。许是刚刚割破，倒未有痛感。父亲听到我手腕受了伤，便从二楼走下来，我迎了上去，觉得是自己闯的祸，也没有哭的理由。父亲很镇定，也不责骂，只从楼梯边的柜里取出外伤药水，用纱布替我包扎，裹好之后，仍什么话也没说，就上楼了。

后来他在给祖母的信中提到这件事："前天玻璃割破了手，鲜血淋漓……"这是一九三六年九月二十二日写的，距父亲去世仅二十七天。有一张母亲和我在万国殡仪馆站在一起的照片，可以看到我右手腕包扎着纱布，可见当时伤得不轻。

曾经有人引用一段话，说在父亲葬礼的墓前，我被人抱着不知悲哀地吃饼干，似乎是一个智力低下的小白痴。我翻拍了这张相片寄去，详告真情，祈望考虑。但这位作者却大不以为然，说他的根据是某某名人所述，根据确实，倒是我在鸡蛋里挑骨头，大不友好。试问，我这个七岁男孩长得高高大大，——次年我八岁，学校检查体格，身高已达四尺，即公制的一米二二，请问我还是手抱的儿童吗？——这当然是题外话了。

回忆鲁迅先生

萧　红[①]

鲁迅先生的笑声是明朗的,是从心里的欢喜。若有人说了什么可笑的话,鲁迅先生笑得连烟卷都拿不住了,常常是笑得咳嗽起来。

鲁迅先生走路很轻捷,尤其使人记得清楚的,是他刚抓起帽子来往头上一扣,同时左腿就伸出去了,仿佛不顾一切地走去。

鲁迅先生不大注意人的衣裳,他说:"谁穿什么衣裳我看不见的……"

鲁迅先生生病,刚好了一点,窗子开着,他坐在躺椅上,抽着烟,那天我穿着新奇的火红的上衣、很宽的袖子。

[①] 萧红(1911—1942),出生于黑龙江省呼兰县,中国近现代女作家,"民国四大才女"之一,鲁迅先生的学生。代表作有《呼兰河传》《生死场》。

鲁迅先生说:"这天气闷热起来,这就是梅雨天。"他把他装在象牙烟嘴上的香烟,又用手装得紧一点,往下又说了别的。

许先生忙着家务跑来跑去,也没有对我的衣裳加以鉴赏。

于是我说:"周先生,我的衣裳漂亮不漂亮?"

先生从上往下看了一眼:"不大漂亮。"

过了一会又加着说:"你的裙子配的颜色不对,并不是红上衣不好看。各种颜色都是好看的,红上衣要配红裙子,不然就是黑裙子,咖啡色的就不行了,这两种颜色放在一起很混浊……你没看到外国人在街上走的吗?绝没有下边穿一件绿裙子,上边穿一件紫上衣,也没有穿一件红裙子而后穿一件白上衣的……"

鲁迅先生就在躺椅上看着我:"你这裙子是咖啡色的,还带格子,颜色混浊得很,所以把红衣裳也弄得不漂亮了。"

"……人瘦不要穿黑衣裳,人胖不要穿白衣裳;脚长的女人一定要穿黑鞋子,脚短就一定要穿白鞋子;方格子的衣裳胖人不能穿,但比横格子的还好,横格子的,胖人穿上,就把胖子更往两边裂着,更横宽了,胖子要穿竖条子的,竖的把人显得长,横的把人显得宽……"

那天鲁迅先生很有兴致,把我一双短统靴子也略略批评一下，说我的短靴是军人穿的，因为靴子的前后都有一条线织的拉手，这拉手据鲁迅先生说是放在裤子下边的……

我说："周先生，为什么那靴子我穿了多久了而不告诉我，怎么现在才想起来呢？现在我不是不穿了吗？我穿的这不是另外的鞋吗？"

"你不穿我才说的，你穿的时候，我一说你该不穿了。"

那天下午要赴一个宴会去，我要许先生给我找一点布条或绸条束一束头发。许先生拿了来米色的、绿色的，还有桃红色的。经我和许先生共同选定的是米色的。为着取笑，把那桃红色的，许先生举起来放在我的头发上，并且许先生很开心地说着：

"好看吧！多漂亮！"

我也非常得意，很规矩又顽皮地在等着鲁迅先生往这边看我们。

鲁迅先生这一看，他就生气了，他的眼皮往下一放向我们这边看着。

"不要那样装她……"

许先生有点窘了。

我也安静下来。

鲁迅先生在北平教书时，从不发脾气，但常常好用这种眼光看人，许先生常跟我讲，她在女师大读书时，周先生在课堂上,一生气就用眼睛往下一掠,看着她们。这种眼光鲁迅先生在记范爱农先生的文字里曾自己述说过,而谁曾接触过这种眼光的人就会感到一个旷代的全智者的催逼。

我开始问:"周先生怎么也晓得女人穿衣裳的这些事情呢?"

"看过书的,关于美学的。"

"什么时候看的……"

"大概是在日本读书的时候……"

"买的书吗?"

"不一定是买的,也许是从什么地方抓到就看的……"

"看了有趣味吗?"

"随便看看……"

"周先生看这书做什么?"

"……"没有回答,好像很难以答。

许先生在旁说:"周先生什么书都看的。"

在鲁迅先生家里做客人,刚开始是从法租界来到虹口,搭电车也要差不多一个钟头的工夫,所以那时候来的次数比较少,还记得有一次谈到半夜了,一过十二点电车就没有的,但那天不知讲了些什么,讲到一个段落就看看旁边小长桌上的圆钟,十一点半了,十一点四十五分了，电车没有了。

"反正已十二点，电车已没有，那么再坐一会。"许先生如此劝着。

鲁迅先生好像听了所讲的什么引起了幻想，安顿地举着象牙烟嘴在沉思着。

一点钟以后，送我（还有别的朋友）出来的是许先生，外边下着潆潆的小雨，弄堂里灯光全然灭掉了，鲁迅先生嘱咐许先生一定让坐小汽车回去，并且一定嘱咐许先生付钱。

以后也住到北四川路来，就每夜饭后必到大陆新村来了，刮风的天，下雨的天，几乎没有间断的时候。

鲁迅先生很喜欢北方饭，还喜欢吃油炸的东西，喜欢吃硬的东西。就是后来生病的时候，也不大吃牛奶。鸡汤端到旁边用调羹舀了一二下就算了事。

有一天约好我去包饺子吃，那还是住在法租界，所以带了外国酸菜和用绞肉机绞成的牛肉，就和许先生站在客厅后边的方桌边包起来。海婴公子围着闹得起劲，一会把按成圆饼的面拿去了，他说做了一只船来，送在我们的眼前，我们不看他，转身他又做了一只小鸡。许先生和我都不去看他，对他竭力避免加以赞美，若一赞美起来，怕他更做得起劲。

客厅后没到黄昏就先黑了，背上感到些微的寒凉，知道衣裳不够了，但为着忙，没有加衣裳去。等把饺子包完了看看那数目并不多,这才知道许先生和我们谈话谈得太多,误了工作。许先生怎样离开家的,怎样到天津读书的,在女师大读书时怎样做了家庭教师,她去考家庭教师的那一段描写,非常有趣,只取一名,可是考了好几十名,她之能够当选算是难得了。指望对于学费有点补足,冬天来了,北平又冷,那家离学校又远,每月除了车子钱之外,若伤风感冒还得自己拿出买阿司匹林的钱来,每月薪金十元要从西城跑到东城……

饺子煮好,一上楼梯,就听到楼上明朗的鲁迅先生的笑声冲下楼梯来,原来有几个朋友在楼上也正谈得热闹。那一天吃得是很好的。

以后我们又做过韭菜合子,又做过荷叶饼,我一提议,鲁迅先生必然赞成,而我做得又不好,可是鲁迅先生还是在饭桌上举着筷子问许先生:"我再吃几个吗?"

因为鲁迅先生的胃不大好,每饭后必吃"脾自美"胃药丸一二粒。

有一天下午鲁迅先生正在校对着瞿秋白的《海上述林》,我一走进卧室去,从那圆转椅上鲁迅先生转过来了,向着我,还微微站起了一点。

"好久不见,好久不见。"一边说着一边向我点头。

刚刚我不是来过了吗?怎么会好久不见?就是上午我来的那次周先生忘记了,可是我也每天来呀……怎么都忘记了吗?

周先生转身坐在躺椅上才自己笑起来，他是在开着玩笑。

梅雨季，很少有晴天，一天的上午刚一放晴，我高兴极了，就到鲁迅先生家去了，跑得上楼还喘着，鲁迅先生说："来啦！"我说："来啦！"

我喘着连茶也喝不下。

鲁迅先生就问我：

"有什么事吗？"

我说："天晴啦，太阳出来啦。"

许先生和鲁迅先生都笑着，一种对于冲破忧郁心境的展然的会心的笑。

海婴一看到我非拉我到院子里和他一道玩不可，拉我的头发或拉我的衣裳。

为什么他不拉别人呢？据周先生说："他看你梳着辫子，和他差不多，别人在他眼里都是大人，就看你小。"

许先生问着海婴："你为什么喜欢她呢？不喜欢别人？"

"她有小辫子。"说着就来拉我的头发。

鲁迅先生家里生客人很少，几乎没有，尤其是住在他家里的人更没有。一个礼拜六的晚上，在二楼上鲁迅先生的卧室里摆好了晚饭，围着桌子坐满了人。每逢礼拜六晚上都是这样的，周建人先生带着全家来拜访的。在桌子边坐着一个很瘦的很高的穿着中国小背心的人，鲁迅先生介绍说："这是一位同乡，是商人。"

初看似乎对的，穿着中国裤子，头发剃得很短。当吃饭时，他还让别人酒，也给我倒一盅，态度很活泼，不大像个商人；等吃完了饭，又谈到《伪自由书》及《二心集》。这个商人，开明得很，在中国不常见。没有见过的，就总不大放心。

下一次是在楼下客厅后的方桌上吃晚饭，那天很晴，一阵阵地刮着热风，虽然黄昏了，客厅后还不昏黑。鲁迅先生是新剪的头发，还能记得桌上有一碗黄花鱼，大概是顺着鲁迅先生的口味，是用油煎的。鲁迅先生前面摆着一碗酒，酒碗是扁扁的，好像用做吃饭的饭碗。那位商人先生也能喝酒，酒瓶手就站在他的旁边。他说蒙古人什么样，苗人什么样，从西藏经过时，那西藏女人见了男人追她，她就如何如何。

这商人可真怪，怎么专门走地方，而不做买卖？并且鲁迅先生的书他也全读过，一开口这个，一开口那个。并且海婴叫他×先生，我一听那×字就明白他是谁了。×先生常常回来得很迟，从鲁迅先生家里出来，在弄堂里遇到了几次。

有一天晚上×先生从三楼下来，手里提着小箱子，身上穿着长袍子，站在鲁迅先生的面前，他说他要搬了。他告了辞，许先生送他下楼去了。这时候周先生在地板上绕了两个圈子，问我说：

"你看他到底是商人吗？"

"是的。"我说。

鲁迅先生很有意思地在地板上走几步，而后向我说："他是贩卖私货的商人，是贩卖精神上的……"

×先生走过二万五千里回来的。

青年人写信，写得太草率，鲁迅先生是深恶痛绝之的。

"字不一定要写得好，但必须得使人一看了就认识，年青人现在都太忙了……他自己赶快胡乱写完了事，别人看了三遍五遍看不明白，这费了多少工夫，他不管。反正这费了工夫不是他的。这存心是不太好的。"

但他还是展读着每封由不同角落里投来的青年的信，眼睛不济时，便戴起眼镜来看，常常看到夜里很深的时光。

鲁迅先生坐在××电影院楼上的第一排，那片名忘记了，新闻片是苏联纪念五一节的红场。

"这个我怕看不到的……你们将来可以看得到。"鲁迅先生向我们周围的人说。

珂勒惠支的画，鲁迅先生最佩服，同时也很佩服她的做人，珂勒惠支受希特拉的压迫，不准她做教授，不准她画画，鲁迅先生常讲到她。

史沫特烈，鲁迅先生也讲到，她是美国女子，帮助印度独立运动，现在又在援助中国。

鲁迅先生介绍人去看的电影：《夏伯阳》《复仇艳遇》……其余的如《人猿泰山》……或者非洲的怪兽这一类的影片，也常介绍给人的。鲁迅先生说："电影没有什么好看的，看看鸟兽之类倒可以增加些对于动物的知识。"

鲁迅先生不游公园，住在上海十年，兆丰公园没有进过，虹口公园这么近也没有进过。春天一到了，我常告诉周先生，我说公园里的土松软了，公园里的风多么柔和，周先生答应选个晴好的天气，选个礼拜日，海婴休假日，好一道去，坐一乘小汽车一直开到兆丰公园，也算是短途旅行，但这只是想着而未有做到，并且把公园给下了定义。鲁迅先生说："公园的样子我知道的……一进门分做两条路，一条通左边，一条通右边，沿着路种着点柳树什么树的，树下摆着几张长椅子，再远一点有个水池子。"

我是去过兆丰公园的,也去过虹口公园或是法国公园的,仿佛这个定义适用在任何国度的公园设计者。

鲁迅先生不戴手套,不围围巾,冬天穿着黑石蓝的棉布袍子,头上戴着灰色毡帽,脚穿黑帆布胶皮底鞋。

胶皮底鞋夏天特别热,冬天又凉又湿,鲁迅先生的身体不算好,大家都提议把这鞋子换掉。鲁迅先生不肯,他说胶皮底鞋子走路方便。

"周先生一天走多少路呢?也不就一转弯到××书店走一趟吗?"

鲁迅先生笑而不答。

"周先生不是很好伤风吗?不围巾子,风一吹不就伤风了吗?"

鲁迅先生这些个都不习惯,他说:

"从小就没戴过手套、围巾,戴不惯。"

鲁迅先生一推开门从家里出来时,两只手露在外边,很宽的袖口冲着风就向前走,腋下夹着个黑绸子印花的包袱,里边包着书或者是信,到老靶子路书店去了。

那包袱每天出去必带出去,回来必带回来。出去时带着给青年们的信,回来又从书店带来新的信和青年请鲁迅先生看的稿子。

鲁迅先生抱着印花包袱从外边回来,还提着一把伞，一进门客厅里早坐着客人，把伞挂在衣架上就陪客人谈起话来。谈了很久了，伞上的水滴顺着伞杆在地板上已经聚了一堆水。

鲁迅先生上楼去拿香烟，抱着印花包袱，而那把伞也没有忘记，顺手也带到楼上去。

鲁迅先生的记忆力非常之强，他的东西从不随便散置在任何地方。

鲁迅先生很喜欢北方口味。许先生想请一个北方厨子，鲁迅先生以为开销太大，请不得的，男用人，至少要十五元钱的工钱。

所以买米买炭都是许先生下手。我问许先生为什么用两个女用人都是年老的，都是六七十岁的？许先生说她们做惯了，海婴的保姆，海婴几个月时就在这里。

正说着那矮胖胖的保姆走下楼梯来了，和我们打了个迎面。

"先生，没吃茶吗？"她赶快拿了杯子去倒茶，那刚刚下楼时气喘的声音还在喉管里咕噜咕噜的，她确实年老了。

来了客人，许先生没有不下厨房的，菜食很丰富，鱼、肉……都是用大碗装着，起码四五碗，多则七八碗。可是平常就只三碗菜：一碗素炒豌豆苗，一碗笋炒咸菜，再一碗黄花鱼。

这菜简单到极点。

鲁迅先生的原稿，在拉都路一家炸油条的那里用着包油条，我得到了一张，是译《死魂灵》的原稿，写信告诉了鲁迅先生，鲁迅先生不以为稀奇。许先生倒很生气。

鲁迅先生出书的校样，都用来揩着桌，或做什么的。请客人在家里吃饭，吃到半道，鲁迅先生回身去拿来校样给大家分着，客人接到手里一看，这怎么可以？鲁迅先生说：

"擦一擦，拿着鸡吃，手是腻的。"

到洗澡间去，那边也摆着校样纸。

许先生从早晨忙到晚上，在楼下陪客人，一边还手里打着毛线。不然就是一边谈着话一边站起来用手摘掉花盆里花上已干枯了的叶子。许先生每送一个客人，都要送到楼下的门口，替客人把门开开，客人走出去而后轻轻地关了门再上楼来。

来了客人还要到街上去买鱼或买鸡，买回来还要到厨房里去工作。

鲁迅先生临时要寄一封信，就得许先生换起皮鞋子来到邮局或者大陆新村旁边信筒那里去。落着雨天，许先生就打起伞来。

许先生是忙的，许先生的笑是愉快的，但是头发有一些是白了的。

夜里去看电影，施高塔路的汽车房只有一辆车，鲁迅先生一定不坐，一定让我们坐。许先生、周建人夫人……海婴、周建人先生的三位女公子。我们上车了。

鲁迅先生和周建人先生，还有别的一二位朋友在后边。

看完了电影出来，又只叫到一部汽车，鲁迅先生又一定不肯坐，让周建人先生的全家坐着先走了。

鲁迅先生旁边走着海婴，过了苏州河的大桥去等电车去了。等了二三十分钟电车还没有来，鲁迅先生依着沿苏州河的铁栏杆坐在桥边的石围上了，并且拿出香烟来，装上烟嘴，悠悠地吸着烟。

海婴不安地来回地乱跑，鲁迅先生还招呼他和自己并排地坐下。

鲁迅先生坐在那儿和一个乡下的安静老人一样。

鲁迅先生吃的是清茶，其余不吃别的饮料。咖啡、可可、牛奶、汽水之类，家里都不预备。

鲁迅先生陪客人到夜深，必同客人一道吃些点心，那饼干就是从铺子里买来的，装在饼干盒子里，到夜深许先生拿着碟子取出来，摆在鲁迅先生的书桌上，吃完了，许先生打开立柜再取一碟。还有向日葵子差不多每来客人必不可少。鲁迅先生一边抽着烟，一边剥着瓜子吃，吃完了一碟鲁迅先生必请许先生再拿一碟来。

鲁迅先生备有两种纸烟，一种价钱贵的，一种便宜的。便宜的是绿听子的，我不认识那是什么牌子，只记得烟头上带着黄纸的嘴，每五十支的价钱大概是四角到五角，是鲁迅先生自己平日用的。另一种是白听子的，是前门烟，用来招待客人的。白听烟放在鲁迅先生书桌的抽屉里，来客人鲁迅先生下楼，把它带到楼下去，客人走了，又带回楼上来照样放在抽屉里。而绿听子的永远放在书桌上，是鲁迅先生随时吸着的。

鲁迅先生的休息，不听留声机，不出去散步，也不倒在床上睡觉，鲁迅先生自己说：

"坐在椅子上翻一翻书就是休息了。"

鲁迅先生从下午两三点钟起就陪客人，陪到五点钟，陪到六点钟，客人若在家吃饭，吃完饭又必要在一起喝茶，或者刚刚喝完茶走了，或者还没走又来了客人，于是又陪下去，陪到八点钟、十点钟，常常陪到十二点钟。从下午两三点钟起，陪到夜里十二点，这么长的时间，鲁迅先生都是坐在藤躺椅上，不断地吸着烟。

客人一走，已经是下半夜了，本来已经是睡觉的时候了，可是鲁迅先生正要开始工作。在工作之前，他稍微阖一阖眼睛，燃起一支烟来，躺在床边上，这一支烟还没有吸完，许先生差不多就在床里边睡着了。（许先生为什么睡得这样快？因为第二天早晨六七点钟就要起来管理家务。）海婴这时也在三楼和保姆一道睡着了。

全楼都寂静下去，窗外也是一点声音没有了，鲁迅先生站起来，坐到书桌边，在那绿色的台灯下开始写文章了。

许先生说鸡鸣的时候，鲁迅先生还是坐着，街上的汽车嘟嘟地叫起来了，鲁迅先生还是坐着。

有时许先生醒了，看着玻璃窗白萨萨的了，灯光也不显得怎样亮了，鲁迅先生的背影不像夜里那样黑大。

鲁迅先生的背影是灰黑色的，仍旧坐在那里。

大家都起来了，鲁迅先生才睡下。

海婴从三楼下来了，背着书包，保姆送他到学校去，经过鲁迅先生的门前，保姆总是吩咐他说：

"轻一点走，轻一点走。"

鲁迅先生刚一睡下，太阳就高起来了。太阳照着隔院子的人家，明亮亮的；照着鲁迅先生花园的夹竹桃，明亮亮的。

鲁迅先生的书桌整整齐齐的，写好的文章压在书下边，毛笔在烧瓷的小龟背上站着。

一双拖鞋停在床下，鲁迅先生在枕头上边睡着了。

鲁迅先生喜欢吃一点酒，但是不多吃，吃半小碗或一碗。鲁迅先生吃的是中国酒，多半是花雕。

老靶子路有一家小吃茶店，只有门面一间，在门面里边设座，座少，安静，光线不充足，有些冷落。鲁迅先生常到这吃茶店来，有约会多半是在这里边。老板是犹太人也许是白俄，胖胖的，中国话大概他听不懂。

鲁迅先生这一位老人，穿着布袍子，有时到这里来，泡一壶红茶，和青年人在一道谈了一两个钟头。

有一天鲁迅先生的背后那茶座里边坐着一位摩登女子，身穿紫裙子、黄衣裳，头戴花帽子……那女子临走时，鲁迅先生一看她，就用眼瞪着她，很生气地看了她半天。而后说：

"是做什么的呢？"

鲁迅先生对于穿着紫裙子、黄衣裳、戴花帽子的人就是这样看法的。

鬼到底是有的是没有的？传说上有人见过，还跟鬼说过话，还有人被鬼在后边追赶过，吊死鬼一见了人就贴在墙上，但没有一个人捉住一个鬼给大家看看。

鲁迅先生讲了他看见过鬼的故事给大家听：

"是在绍兴……"鲁迅先生说,"三十年前……"

那时鲁迅先生从日本读书回来,在一个师范学堂里也不知是什么学堂里教书,晚上没有事时,鲁迅先生总是到朋友家去谈天。这朋友住得离学堂几里路,几里路不算远,但必得经过一片坟地。谈天有的时候就谈得晚了,十一二点钟才回学堂的事也常有。有一天鲁迅先生就回去得很晚,天空有很大的月亮。

鲁迅先生向着归路走得很起劲时,往远处一看,远远有一个白影。

鲁迅先生不相信鬼的,在日本留学时是学的医,常常把死人抬来解剖的,鲁迅先生解剖过二十几个,不但不怕鬼,对死人也不怕,所以对于坟地也就根本不怕,仍旧是向前走的。

走了不几步,那远处的白影没有了,再看突然又有了。并且时小时大,时高时低,正和鬼一样。鬼不就是变换无常的吗?

鲁迅先生有点踌躇了,到底向前走呢,还是回过头来走?本来回学堂不止这一条路,这不过是最近的一条就是了。

鲁迅先生仍是向前走,到底要看一看鬼是什么样,虽然那时候也怕了。

鲁迅先生那时从日本回来不久,所以还穿着硬底皮鞋。鲁迅先生决心要给那鬼一个致命的打击,等走到那白影的旁边时,那白影缩小了,蹲下了,一声不响地靠住了一个坟堆。

鲁迅先生就用了他的硬皮鞋踢出去。

那白影"噢"的一声叫出来,随着就站起来,鲁迅先生定睛看去,他却是个人。

鲁迅先生说在他踢的时候,他是很害怕的,好像若一下不把那东西踢死,自己反而会遭殃的,所以用了全力踢出去。

原来是个盗墓子的人在坟场上半夜做着工作。

鲁迅先生说到这里就笑了起来。

"鬼也是怕踢的,踢他一脚就立刻变成人了。"

我想,倘若是鬼常常让鲁迅先生踢踢倒是好的,因为给了他一个做人的机会。

从福建菜馆叫的菜,有一碗鱼做的丸子。

海婴一吃就说不新鲜,许先生不信,别的人也都不信。因为那丸子有的新鲜,有的不新鲜,别人吃到嘴里的恰好都是没有改味的。

许先生又给海婴一个,海婴一吃,又是不好的,他又嚷嚷着。别人都不注意,鲁迅先生把海婴碟里的拿来尝尝,果然是不新鲜的。鲁迅先生说:

"他说不新鲜,一定也有他的道理,不加以查看就抹杀是不对的。"

……

以后我想起这件事来,私下和许先生谈过,许先生说:"周先生的做人,真是我们学不了的。哪怕一点点小事。"

鲁迅先生包一个纸包也要包得整整齐齐,常常把要寄出的书,鲁迅先生从许先生手里拿过来自己包。许先生本来包得多么好,而鲁迅先生还要亲自动手。

鲁迅先生把书包好了,用细绳捆上,那包方方正正的,连一个角也不准歪一点或扁一点,而后拿着剪刀,把捆书的那绳头都剪得整整齐齐。

就是包这书的纸都不是新的,都是从街上买东西回来留下来的。许先生上街回来把买来的东西一打开,随手就把包东西的牛皮纸折起来,随手把小细绳圈了一个圈,若小细绳上有一个疙瘩,也要随手把它解开的,准备着随时用随时方便。

鲁迅先生住的是大陆新村九号。

一进弄堂口,满地铺着大方块的水门汀,院子里不怎样嘈杂,从这院子出入的有时候是外国人,也能够看到外国小孩在院子里零星地玩着。

鲁迅先生隔壁挂着一块大的牌子,上面写着一个"茶"字。

在一九三五年十月一日。

鲁迅先生的客厅摆着长桌,长桌是黑色的,油漆不十分新鲜,但也并不破旧,桌上没有铺什么桌布,只在长桌的当心摆着一个绿豆青色的花瓶,花瓶里长着几株大叶子的万年青,围着长桌有七八张木椅子。尤其是在夜里,全弄堂一点什么声音也听不到。

那夜,就和鲁迅先生和许先生一道坐在长桌旁边喝茶的。当夜谈了许多关于伪满洲国的事情,从饭后谈起,一直谈到九点钟十点钟而后到十一点钟,时时想退出来,让鲁迅先生好早点休息,因为我看出来鲁迅先生身体不大好,又加上听许先生说过,鲁迅先生伤风了一个多月,刚好了的。

但是鲁迅先生并没有疲倦的样子。虽然客厅里也摆着一张可以卧倒的藤椅,我们劝他几次想让他坐在藤椅上休息一下,但是他没有去,仍旧坐在椅子上。并且还上楼一次,去加穿了一件皮袍子。

那夜鲁迅先生到底讲了些什么,现在记不起来了。也许想起来的不是那夜讲的而是以后讲的也说不定。过了十一点,天就落雨了,雨点淅沥淅沥地打在玻璃窗上,窗子没有窗帘,所以偶一回头,就看到玻璃窗上有小水流往下流。夜已深了,并且落了雨,心里十分着急,几次站起来想要走,但是鲁迅先生和许先生一再说再坐一下:"十二点钟以前终归有车子可搭的。"所以一直坐到将近十二点,才穿起雨衣来,打开客厅外面的响着的铁门,鲁迅先生非要送到铁门外不可。我想为什么他一定要送呢?对于这样年轻的客人,这样的送是应该的吗?雨不会打湿了头发,受了寒伤风不又要继续下去吗?站在铁门外边,鲁迅先生说,并且指着隔壁那家写着"茶"字的大牌子:"下次来记住这个'茶'字,就是这个'茶'的隔壁。"而且伸出手去,几乎是触到了钉在铁门旁边的那个九号的"九"字,"下次来记住'茶'的旁边九号。"

于是脚踏着方块的水门汀,走出弄堂来,回过身去往院子里边看了一看,鲁迅先生那一排房子统统是黑洞洞的,若不是告诉得那样清楚,下次来恐怕要记不住的。

鲁迅先生的卧室,一张铁架大床,床顶上遮着许先生亲手做的白布刺花的围子,顺着床的一边折着两床被子,都是很厚的,是花洋布的被面。挨着门口的床头的方面站着抽屉柜。一进门的左手摆着八仙桌,桌子的两旁藤椅各一,立柜站在和方桌一排的墙角,立柜本是挂衣裳的,衣裳却很少,都让糖盒子、饼干筒子、瓜子罐给塞满了。有一次××老板的太太来拿版权的图章花,鲁迅先生就从立柜下边大抽屉里取出的。沿着墙角往窗子那边走,有一张装饰台,台子上有一个方形的满浮着绿草的玻璃养鱼缸,里边游着的不是金鱼而是灰色的扁肚子的小鱼。除了鱼缸之外另有一只圆的表，其余那上边满装着书。铁架床靠窗子的那头的书柜里书柜外都是书。最后是鲁迅先生的写字台，那上边也都是书。

鲁迅先生家里，从楼上到楼下，没有一个沙发，鲁迅先生工作时坐的椅子是硬的，休息时的藤椅是硬的，到楼下陪客人时坐的椅子又是硬的。

鲁迅先生的写字台面向着窗子，上海弄堂房子的窗子差不多满一面墙那么大，鲁迅先生把它关起来，因为鲁迅先生工作起来有一个习惯，怕吹风。他说，风一吹，纸就动，时时防备着纸跑，文章就写不好。所以屋子热得和蒸笼似的，请鲁迅先生到楼下去，他又不肯，鲁迅先生的习惯是不换地方。有时太阳照进来，许先生劝他把书桌移开一点都不肯。只有满身流汗。

鲁迅先生的写字桌，铺了一张蓝格子的油漆布，四角都用图钉按着。桌子上有小砚台一方、墨一块，毛笔站在笔架上，笔架是烧瓷的，在我看来不很细致，是一个龟，龟背上带着好几个洞，笔就插在那洞里。鲁迅先生多半是用毛笔的，钢笔也不是没有，是放在抽屉里。桌上有一个方大的白瓷的烟灰盒，还有一个茶杯，杯子上戴着盖。

鲁迅先生的习惯与别人不同，写文章用的材料和来信都压在桌子上，把桌子都压得满满的，几乎只有写字的地方可以伸开手，其余桌子的一半被书或纸张占有着。

左手边的桌角上有一个带绿灯罩的台灯，那灯泡是横着装的，在上海那是极普通的台灯。

冬天在楼上吃饭，鲁迅先生自己拉着电线把台灯的机关从棚顶的灯头上拔下，而后装上灯泡子。等饭吃过了，许先生再把电线装起来，鲁迅先生的台灯就是这样做成的，拖着一根长的电线在棚顶上。

鲁迅先生的文章，多半是从这台灯下写的。因为鲁迅先生的工作时间，多半是下半夜一两点起，天将明了休息。

卧室就是如此，墙上挂着海婴公子一个月婴孩的油画像。

挨着卧室的后楼里边，完全是书了，不十分整齐，报纸和杂志或洋装的书，都混在这间屋子里，一走进去多少还有些纸张气味。地板被书遮盖得太小了，几乎没有了，大网篮也堆在书中。墙上拉着一条绳子或者是铁丝，就在那上边系了小提盒、铁丝笼之类。风干荸荠就盛在铁丝笼里，扯着的那铁丝几乎被压断了在弯弯着。一推开藏书室的窗子，窗子外边还挂着一筐风干荸荠。

"吃罢，多得很，风干的，格外甜。"许先生说。

楼下厨房传来了煎菜的锅铲的响声，并且两个年老的娘姨慢重重地在讲一些什么。

厨房是家里最热闹的一部分。整个三层楼都是静静的，喊娘姨的声音没有，在楼梯上跑来跑去的声音没有。鲁迅先生家里五六间房子只住着五个人，三位是先生的全家，余下的二位是年老的女用人。

来了客人都是许先生亲自倒茶，即或是麻烦到娘姨时，也是许先生下楼去吩咐，绝没有站到楼梯口就大声呼唤的时候。所以整个的房子都在静悄悄之中。

只有厨房比较热闹了一点，自来水哗哗地流着，洋瓷盆在水门汀的水池子上每拖一下磨着嚓嚓地响，洗米的声音也是嚓嚓的。鲁迅先生很喜欢吃竹笋的，在菜板上切着笋片笋丝时，刀刃每划下去都是很响的。其实比起别人家的厨房来却冷清极了，所以洗米声和切笋声都分开来听得样样清清晰晰。

客厅的一边摆着并排的两个书架，书架是带玻璃橱的，里面有朵斯托益夫斯基的全集和别的外国作家的全集，大半多是日文译本。地板上没有地毯，但擦得非常干净。

海婴公子的玩具橱也站在客厅里，里边是些毛猴子、橡皮人、火车、汽车之类，里边装得满满的，别人是数不清的，只有海婴自己伸手到里边找些什么就有什么。过新年时在街上买的兔子灯，纸毛上已经落了灰尘了，仍摆在玩具橱顶上。

客厅只有一个灯头，大概五十烛光，客厅的后门对着上楼的楼梯，前门一打开有一个一方丈大小的花园，花园里没有什么花看，只有一株很高的七八尺高的小树，大概那树是柳桃，一到了春天，喜欢生长蚜虫，忙得许先生拿着喷蚁虫的机器，一边陪着谈话，一边喷着杀虫药水。沿了墙根，种了一排玉米，许先生说："这玉米长不大的，这土是没有养料的，海婴一定要种。"

春天，海婴在花园里掘着泥沙，培植着各种玩艺。

三楼则特别静了，向着太阳开着两扇玻璃门，门外有一个水门汀的突出的小廊子，春天很温暖地抚摸着门口长垂着的帘子，有时候帘子被风打得很高，飘扬着饱满得和大鱼池似的。那时候隔院的绿树照进玻璃门扇里来了。

海婴坐在地板上装着小工程师在修着一座楼房，他那楼房是用椅子横倒了架起来修的，而后遮起一张被单来算做屋瓦，全个房子在他自己拍着手的赞誉声中完成了。

这间屋感到些空旷和寂寞，既不像女工住的屋子，又不像儿童室。海婴的眠床靠着屋子的一边放着，那大圆顶帐子日里也不打起来，长拖拖的好像从棚顶一直垂到地板上。那床是非常讲究的，属于刻花的木器一类的。许先生讲过，租这房子时，从前一个房客转留下来的。海婴和他的保姆，就睡在五六尺宽的大床上。

冬天烧过的火炉，三月里还冷冰冰地在地板上站着。

海婴不大在三楼上玩的，除了到学校去，就是在院子里踏脚踏车，他非常喜欢跑跳，所以厨房、客厅、二楼，他是无处不跑的。

三楼整天在高处空着，三楼的后楼住着另一个老女工，一天很少上楼来，所以楼梯擦过之后，一天到晚干净得溜明。

一九三六年三月里鲁迅先生病了，靠在二楼的躺椅上，心脏跳动得比平日厉害，脸色略微灰了一点。

许先生正相反的，脸色是红的，眼睛显得大了，讲话的声音是平静的，态度并没有比平日慌张。在楼下，一走进客厅来许先生就告诉说：

"周先生病了，气喘……喘得厉害，在楼上靠在躺椅上。"

鲁迅先生呼喘的声音，不用走到他的旁边，一进了卧室就听得到的。鼻子和胡须在煽着，胸部一起一落。眼睛闭着，差不多永久不离开手的纸烟，也放弃了。藤躺椅后边靠着枕头，鲁迅先生的头有些向后，两只手空闲地垂着。眉头仍和平日一样没有聚皱，脸上是平静的、舒展的，似乎并没有任何痛苦加在身上。

"来了吗?"鲁迅先生睁一睁眼睛,"不小心,着了凉……呼吸困难……到藏书的房子去翻一翻书……那房子因为没有人住,特别凉……回来就……"

许先生看周先生说话吃力,赶快接着说周先生是怎样气喘的。

医生看过了,吃了药,但喘并未停。下午医生又来过,刚刚走。

卧室在黄昏里边一点一点地暗下去,外边起了一点小风,隔院的树被风摇着发响。别人家的窗子有的被风打着发出自动关开的响声,家家的流水道都是哗啦哗啦地响着水声,一定是晚餐之后洗着杯盘的剩水。晚餐后该散步的散步去了,该会朋友的会朋友去了,弄堂里来去地稀疏不断地走着人,而娘姨们还没有解掉围裙呢,就依着后门彼此搭讪起来。小孩子们三五一伙前门后门地跑着,弄堂外汽车穿来穿去。

鲁迅先生坐在躺椅上,沉静地、不动地阖着眼睛,略微灰了的脸色被炉里的火光染红了一点。纸烟听子蹲在书桌上,盖着盖子,茶杯也蹲在桌子上。

许先生轻轻地在楼梯上走着,许先生一到楼下去,二楼就只剩了鲁迅先生一个人坐在椅子上,呼喘把鲁迅先生的胸部有规律性地抬得高高的。

"鲁迅先生必得休息的"。须藤老医生是这样说的。

可是鲁迅先生从此不但没有休息，并且脑子里所想的更多了，要做的事情都像非立刻就做不可，校《海上述林》的校样，印珂勒惠支的画，翻译《死魂灵》下部。刚好了，这些就都一起开始了，还计算着出三十年集（即《鲁迅全集》）。

鲁迅先生感到自己的身体不好，就更没有时间注意身体，所以要多做，赶快做，当时大家不解其中的意思，都对鲁迅先生不加以休息不以为然，后来读了鲁迅先生《死》的那篇文章才了然了。

鲁迅先生知道自己的健康不成了，工作的时间没有几年了，死了是不要紧的，只要留给人类更多，鲁迅先生就是这样。

不久书桌上德文字典和日文字典又都摆起来了，果戈里的《死魂灵》，又开始翻译了。

鲁迅先生的身体不大好，容易伤风，伤风之后，照常要陪客人、回信、校稿子，所以伤风之后总要拖下去一个月或半个月的。

瞿秋白的《海上述林》校样，一九三五年冬，一九三六年的春天，鲁迅先生不断地校着，几十万字的校样，要看三遍，而印刷所送校样来总是十页八页的，并不是统统一道地送来，所以鲁迅先生不断地被这校样催索着，鲁迅先生竟说：

"看吧，一边陪着你们谈话，一边看校样的，眼睛可以看，耳朵可以听……"

有时客人来了，一边说着笑话，鲁迅先生一边放下了笔。有的时候也说："就剩几个字了……请坐一坐……"

一九三五年冬天许先生说：

"周先生的身体是不如从前了。"

有一次鲁迅先生到饭馆里去请客，来的时候兴致很好，还记得那次吃了一只烤鸭子，整个的鸭子用大钢叉子叉上来时，大家看着这鸭子烤得又油又亮的，鲁迅先生也笑了。

菜刚上满了，鲁迅先生就到竹躺椅上吸一支烟，并且阖一阖眼睛。一吃完了饭，有的喝多了酒的，大家都乱闹了起来，彼此抢着苹果，彼此讽刺着玩，说着一些刺人可笑的话。而鲁迅先生这时候，坐在躺椅上，阖着眼睛，很庄严地在沉默着，让拿在手上纸烟的烟丝，慢慢地上升着。

别人以为鲁迅先生也是喝多了酒吧！

许先生说，并不的。

"周先生的身体是不如从前了，吃过了饭总要阖一阖眼稍微休息一下，从前一向没有这习惯。"

周先生从椅子上站起来了，大概说他喝多了酒的话让他听到了。

"我不多喝酒的。小的时候,母亲常提到父亲喝了酒,脾气怎样坏,母亲说,长大了不要喝酒,不要像父亲那样子……所以我不多喝的……从来没喝醉过……"

鲁迅先生休息好了,换了一支烟,站起来也去拿苹果吃,可是苹果没有了。鲁迅先生说:

"我争不过你们了,苹果让你们抢没了。"

有人抢到手的还在保存着的苹果,奉献出来,鲁迅先生没有吃,只在吸烟。

一九三六年春,鲁迅先生的身体不大好,但没有什么病,吃过了晚饭,坐在躺椅上,总要闭一闭眼睛沉静一会。

许先生对我说,周先生在北平时,有时开着玩笑,手按着桌子一跃就能够跃过去,而近年来没有这么做过,大概没有以前那么灵便了。

这话许先生和我是私下讲的,鲁迅先生没有听见,仍靠在躺椅上沉默着呢。

许先生开了火炉的门,装着煤炭哗哗地响,把鲁迅先生震醒了。一讲起话来鲁迅先生的精神又照常一样。

鲁迅先生睡在二楼的床上已经一个多月了,气喘虽然停止,但每天发热,尤其是下午热度总在三十八度三十九度之间,有时也到三十九度多,那时鲁迅先生的脸色是微红的，目力是疲弱的，不吃东西，不大多睡，没有一些呻吟，似乎全身都没有什么痛楚的地方。躺在床上有的时候张开眼睛看着，有的时候似睡非睡地安静地躺着，茶吃得很少。差不多一刻也不停地吸纸烟，而今几乎完全放弃了，纸烟听子不放在床边，而仍很远地蹲在书桌上，若想吸一支，是请许先生付给的。

许先生从鲁迅先生病起，更过度地忙了。按着时间给鲁迅先生吃药，按着时间给鲁迅先生试温度表，试过了之后还要把一张医生发给的表格填好，那表格是一张硬纸，上面画了无数根线，许先生就在这张纸上拿着米度尺画着度数，那表画得和尖尖的小山丘似的，又像尖尖的水晶石，高的低的一排连地站着。许先生虽然每天画，但那像是一条接连不断的线，不过从低处到高处，从高处到低处，这高峰越高越不好，也就是鲁迅先生的热度越高了。

来看鲁迅先生的人，多半都不到楼上来了，为的是请鲁迅先生好好地静养，所以把陪客人这些事也推到许先生身上来了。还有书、报、信，都要许先生看过，必要的就告诉鲁迅先生，不十分必要的，就先把它放在一处放一放，等鲁迅先生好了些再取出来交给他。然而这家庭里边还有许多琐事，比方年老的娘姨病了，要请两天假；海婴的牙齿脱掉一个要到牙医那里去看过，但是带他去的人没有，又得许先生。海婴在幼稚园里读书，又是买铅笔、买皮球，还有临时出些个花头，跑上楼来了，说要吃什么花生糖什么牛奶糖，他上楼来是一边跑着一边喊着，许先生连忙拉住了他，拉他下了楼才跟他讲：

"爸爸病啦。"而后拿出钱来，嘱咐好了娘姨，只买几块糖而不准让他格外地多买。

收电灯费的来了，在楼下一打门，许先生就得赶快往楼下跑，怕的是再多打几下，就要惊醒了鲁迅先生。

海婴最喜欢听讲故事，这也是无限的麻烦，许先生除了陪海婴讲故事之外，还要在长桌上偷一点工夫来看鲁迅先生为着病耽搁下来的尚未校完的校样。

在这期间，许先生比鲁迅先生更要担当一切了。

鲁迅先生吃饭，是在楼上单开一桌，那仅仅是一个方木盘，许先生每餐亲手端到楼上去，那黑油漆的方木盘中摆着三四样小菜，每样都用小吃碟盛着，那小吃碟直径不过二寸，一碟豌豆苗或菠菜或苋菜，把黄花鱼或者鸡之类也放在小碟里端上楼去。若是鸡，那鸡也是全鸡身上最好的一块地方拣下来的肉；若是鱼，也是鱼身上最好一部分，许先生才把它拣下放在小碟里。

许先生用筷子来回地翻着楼下的饭桌上菜碗里的东西，菜拣嫩的，不要茎，只要叶，鱼肉之类，拣烧得软的，没有骨头没有刺的。

心里存着无限的期望,无限的要求,用了比祈祷更虔诚的目光,许先生看着她自己手里选得精精致致的菜盘子,而后脚板触着楼梯上了楼。

希望鲁迅先生多吃一口,多动一动筷,多喝一口鸡汤。鸡汤和牛奶是医生所嘱的,一定要多吃一些的。

把饭送上去,有时许先生陪在旁边,有时走下楼来又做些别的事,半个钟头之后,到楼上去取这盘子。这盘子装得满满的,有时竟照原样一动也没有动又端下来了,这时候许先生的眉头微微地皱了一点。旁边若有什么朋友,许先生就说:"周先生的热度高,什么也吃不落,连茶也不愿意吃,人很苦,人很吃力。"

有一天许先生用着波浪式的专门切面包的刀切着一个面包,是在客厅后边方桌上切的,许先生一边切着一边对我说:

"劝周先生多吃些东西,周先生说,人好了再保养,现在勉强吃也是没用的。"

许先生接着似乎问着我:

"这也是对的?"

而后把牛奶面包送上楼去了。一碗烧好的鸡汤,从方盘里许先生把它端出来了,就摆在客厅后的方桌上。许先生上楼去了,那碗热的鸡汤在桌子上自己悠然地冒着热气。

许先生由楼上回来还说呢:

"周先生平常就不喜欢吃汤之类,在病里,更勉强不下了。"

那已经送上去的一碗牛奶又带下来了。

许先生似乎安慰着自己似的:

"周先生人强,喜欢吃硬的、油炸的,就是吃饭也喜欢吃硬饭……"

许先生楼上楼下地跑,呼吸有些不平静,坐在她旁边,似乎可以听到她心脏的跳动。

鲁迅先生开始独桌吃饭以后,客人多半不上楼来了,经许先生婉言把鲁迅先生健康的经过报告了之后就走了。

鲁迅先生在楼上一天一天地睡下去,睡了许多日子就有些寂寞了,有时大概热度低了点就问许先生:

"有什么人来过吗?"

看鲁迅先生精神好些,就一一地报告过。

有时也问到有什么刊物来吗。

鲁迅先生病了一个多月了。

证明了鲁迅先生是肺病,并且是肋膜炎,须藤老医生每天来了,为鲁迅先生先把肋膜化腐的东西用打针的方法抽净,共抽过两三次。

这样的病,为什么鲁迅先生一点也不晓得呢?许先生说,周先生有时觉得肋痛了就自己忍着不说,所以连许先生也不知道，鲁迅先生怕别人晓得了又要不放心，又要看医生，医生一定又要说休息。鲁迅先生自己知道做不到的。

福民医院美国医生的检查，说鲁迅先生肺病已经二十年了。这次发了怕是很严重。

医生规定个日子，请鲁迅先生到福民医院去详细检查，要照 X 光的。

但鲁迅先生当时就下楼是下不得的，又过了许多天，鲁迅先生到福民医院去查病去了。照 X 光后给鲁迅先生照了一个全部的肺部的照片。

这照片取来的那天许先生在楼下给大家看了，右肺的上尖角是黑的，中部也黑了一块，左肺的下半部都不大好，而沿着左肺的边边黑了一大圈。

这之后，鲁迅先生的热度仍高，若再这样热度不退，就很难抵抗了。

那查病的美国医生，只查病，而不给药吃，他相信药是没有用的。

须藤老医生，鲁迅先生早就认识，所以每天来，他给鲁迅先生吃了些退热的药，还吃停止肺部菌活动的药。他说若肺不再坏下去，就停止在这里，热自然就退了，人是不危险的。

在楼下的客厅里许先生哭了。许先生手里拿着一团毛线，那是海婴的毛线衣拆了洗过之后又团起来的。

鲁迅先生在无欲望状态中，什么也不吃，什么也不想，睡觉是似睡非睡的。

天气热起来了，客厅的门窗都打开着，阳光跳跃在门外的花园里。麻雀来了停在夹竹桃上叫了三两声就又飞去，院子里的小孩子们唧唧喳喳地玩耍着，风吹进来好像带着热气，扑到人的身上。天气刚刚发芽的春天，变为夏天了。

楼上老医生和鲁迅先生谈话的声音隐约可以听到。

楼下又来客人。来的人总要问：

"周先生好一点吗？"

许先生照常说："还是那样子。"

但今天说了眼泪就又流了满脸。一边拿起杯子来给客人倒茶，一边用左手拿着手帕按着鼻子。

客人问：

"周先生又不大好吗？"

许先生说：

"没有的，是我心窄。"

过了一会鲁迅先生要找什么东西，喊许先生上楼去，许先生连忙擦着眼睛，想说她不上楼的，但左右地看了一看，没有人能替代了她，于是带着她那团还没有缠完的毛线球上楼去了。

楼上坐着老医生，还有两位探望鲁迅先生的客人，许先生一看了他们就自己低了头不好意思地笑了,她不敢到鲁迅先生的面前去,背转着身问鲁迅先生要什么呢,而后又是慌忙地把毛线缕挂在手上缠了起来。

一直到送老医生下楼,许先生都是把背向鲁迅先生而站着的。

每次老医生走,许先生都是替老医生提着皮提包送到前门外的。许先生愉快地、沉静地带着笑容打开铁门闩,很恭敬地把皮包交给老医生,眼看着老医生走了才进来关了门。

这老医生出入在鲁迅先生的家里,连老娘姨对他都是尊敬的,医生从楼上下来时,老娘姨若在楼梯的半道,赶快下来躲开,站到楼梯的旁边。有一天老娘姨端着一个杯子上楼,楼上医生和许先生一道下来了,那老娘姨躲闪不灵,急得把杯里的茶都颠出来了。等医生走过去,已经走出了前门,老娘姨还在那里呆呆地望着。

"周先生好了点吧?"

有一天许先生不在家,我问着老娘姨。她说:"谁晓得,医生天天看过了不声不响地就走了。"

可见老娘姨对医生每天是怀着期望的眼光看着他的。

许先生很镇静,没有紊乱的神色,虽然说那天当着人哭过一次,但该做什么,仍是做什么,毛线该洗的已经洗了,晒的已经晒起,晒干了的随手就把它缠成团子。

"海婴的毛线衣，每年拆一次，洗过之后再重打起，人一年一年地长，衣裳一年穿过，一年就小了。"

在楼下陪着熟的客人，一边谈着，一边开始手里动着竹针。

这种事情许先生是偷工就做的，夏天就开始预备着冬天的，冬天就做夏天的。

许先生自己常常说：

"我是无事忙。"

这话很客气，但忙是真的，每一餐饭，都好像没有安静地吃过。海婴一会要这个，要那个；若一有客人，上街临时买菜，下厨房煎炒还不说，就是摆到桌子上来，还要从菜碗里为着客人选好的夹过去。饭后又是吃水果，若吃苹果还要把皮削掉，若吃荸荠看客人削得慢而不好也要削了送给客人吃，那时鲁迅先生还没有生病。

许先生除了打毛线衣之外，还用机器缝衣裳，剪裁了许多件海婴的内衫裤在窗下缝。

因此许先生对自己忽略了，每天上下楼跑着，所穿的衣裳都是旧的，次数洗得太多，纽扣都洗脱了，也磨破了，都是几年前的旧衣裳，春天时许先生穿了一个紫红宁绸袍子，那料子是海婴在婴孩时候别人送给海婴做被子的礼物。做被子，许先生说很可惜，就拣起来做一件袍子。正说着，海婴来了，许先生使眼神，且不要提到，若提到海婴又要麻烦起来了，一定要说是他的，他就要要。

许先生冬天穿一双大棉鞋，是她自己做的。一直到二三月早晚冷时还穿着。

有一次我和许先生在小花园里一道拍一张照片，许先生说她的纽扣掉了，还拉着我站在她前边遮着她。

许先生买东西也总是到便宜的店铺去买，再不然，到减价的地方去买。

处处俭省，把俭省下来的钱，都印了书和印了画。

现在许先生在窗下缝着衣裳，机器声咯哒咯哒的，震着玻璃门有些颤抖。

窗外的黄昏，窗内许先生低着的头，楼上鲁迅先生的咳嗽声，都搅混在一起了，重续着、埋藏着力量。在痛苦中，在悲哀中，一种对于生的强烈的愿望站得和强烈的火焰那样坚定。

许先生的手指把提了在缝的那张布片，头有时随着机器的力量低沉了一两下。

许先生的面容是宁静的、庄严的、没有恐惧的，坦荡地在使用着机器。

海婴在玩着一大堆黄色的小药瓶，用一个纸盒子盛着，端起来楼上楼下地跑。向着阳光照是金色的，平放着是咖啡色的，他招聚了小朋友来，他向他们展览，向他们夸耀，这种玩艺只有他有而别人不能有。他说：

"这是爸爸打药针的药瓶，你们有吗？"

别人不能有，于是他拍着手骄傲地呼叫起来。

许先生一边招呼着他，不叫他喊，一边下楼来了。

"周先生好了些？"

见了许先生大家都是这样问的。

"还是那样子。"许先生说，随手抓起一个海婴的药瓶来，"这不是么，这许多瓶子，每天打一针，药瓶子也积了一大堆。"

许先生一拿起那药瓶，海婴上来就要过去，很宝贵地赶快把那小瓶摆到纸盒里。

在长桌上摆着许先生自己亲手做的蒙着茶壶的棉罩子，从那蓝缎子的花罩子下拿着茶壶倒着茶。

楼上楼下都是静的了，只有海婴快活地和小朋友们的吵嚷躲在太阳里跳荡。

海婴每晚临睡时必向爸爸妈妈说："明朝会！"

有一天他站在走上三楼去的楼梯口上喊着：

"爸爸，明朝会！"

鲁迅先生那时正病得沉重，喉咙里边似乎有痰，那回答的声音很小，海婴没有听到，于是他又喊：

"爸爸，明朝会！"他等一等，听不到回答的声音，他就大声地连串地喊起来：

"爸爸，明朝会，爸爸，明朝会……爸爸，明朝会……"

他的保姆在前边往楼上拖他,说是爸爸睡了,不要喊了。可是他怎么能够听呢,仍旧喊。

这时鲁迅先生说"明朝会",还没有说出来喉咙里边就像有东西在那里堵塞着,声音无论如何放不大。到后来,鲁迅先生挣扎着把头抬起来才很大声地说出:

"明朝会,明朝会。"

说完了就咳嗽起来。

许先生被惊动得从楼下跑来了,不住地训斥着海婴。

海婴一边笑着一边上楼去了,嘴里唠叨着:

"爸爸是个聋人哪!"

鲁迅先生没有听到海婴的话,还在那里咳嗽着。

鲁迅先生在四月里,曾经好了一点,有一天下楼去赴一个约会,把衣裳穿得整整齐齐,手下夹着黑花包袱,戴起帽子来,出门就走。

许先生在楼下正陪客人,看鲁迅先生下来了,赶快说:

"走不得吧,还是坐车子去吧。"

鲁迅先生说:"不要紧,走得动的。"

许先生再加以劝说,又去拿零钱给鲁迅先生带着。

鲁迅先生说不要不要,坚决地就走了。

"鲁迅先生的脾气很刚强。"

许先生无可奈何地,只说了这一句。

鲁迅先生晚上回来,热度增高了。

鲁迅先生说:

"坐车子实在麻烦,没有几步路,一走就到。还有,好久不出去,愿意走走……动一动就出毛病……还是动不得……"

病压服着鲁迅先生又躺下了。

七月里,鲁迅先生又好些。

药每天吃,记温度的表格照例每天好几次在那里画,老医生还是照常地来,说鲁迅先生就要好起来了,说肺部的菌已经停止了一大半,肋膜也好了。

客人来差不多都要到楼上来拜望拜望,鲁迅先生带着久病初愈的心情,又谈起话来,披了一张毛巾子坐在躺椅上,纸烟又拿在手里了,又谈翻译,又谈某刊物。

一个月没有上楼去,忽然上楼还有些心不安,我一进卧室的门,觉得站也没地方站,坐也不知坐在哪里。

许先生让我吃茶,我就倚着桌子边站着,好像没有看见那茶杯似的。

鲁迅先生大概看出我的不安来了,便说:

"人瘦了,这样瘦是不成的,要多吃点。"

鲁迅先生又在说玩笑话了。

"多吃就胖了,那么周先生为什么不多吃点?"

鲁迅先生听了这话就笑了，笑声是明朗的。

从七月以后鲁迅先生一天天地好起来了，牛奶、鸡汤之类，为了医生所嘱也隔三差五地吃着，人虽是瘦了，但精神是好的。

鲁迅先生说自己体质的本质是好的，若差一点的，就让病打倒了。

这一次鲁迅先生保持了很长时间，没有下楼更没有到外边去过。

在病中，鲁迅先生不看报，不看书，只是安静地躺着，但有一张小画是鲁迅先生放在床边上不断看着的。

那张画，鲁迅先生未生病时，和许多画一道拿给大家看过的，小得和纸烟包里抽出来的那画片差不多。那上边画着一个穿大长裙子飞散着头发的女人在大风里边跑，在她旁边的地面上还有小小的红玫瑰花的花朵。

记得是一张苏联某画家着色的木刻。

鲁迅先生有很多画，为什么只选了这张放在枕边？

许先生告诉我的，她也不知道鲁迅先生为什么常常看这小画。

有人来问他这样那样的，他说：

"你们自己学着做，若没有我呢！

这一次鲁迅先生好了。

还有一样不同的,觉得做事要多做……

鲁迅先生以为自己好了,别人也以为鲁迅先生好了。

准备冬天要庆祝鲁迅先生工作三十年。

又过了三个月。

一九三六年十月十七日,鲁迅先生病又发了,又是气喘。

十七日,一夜未眠。

十八日,终日喘着。

十九日,夜的下半夜,人衰弱到极点了。天将发白时,鲁迅先生就像他平日一样,工作完了,他休息了。

鲁迅先生记

萧　红

鲁迅先生家里的花瓶，好像画上所见的西洋女子用以取水的瓶子，灰蓝色，有点从瓷釉而自然堆起的纹痕，瓶口的两边，还有两个瓶耳，瓶里种的是几棵万年青。

我第一次看到这花的时候，我就问过：

"这叫什么名字？屋中既不生火炉，也不冻死？"

第一次，走进鲁迅家里去，那是快近黄昏的时节，而且是个冬天，所以那楼下室稍微有一点暗，同时鲁迅先生的纸烟，当它离开嘴边而停在桌角的地方，那烟纹的卷痕一直升腾到他有一些白丝的发梢那么高，而且再升腾就看不见了。

"这花，叫'万年青'，永久这样！"他在花瓶旁边的烟灰盒中，抖掉了纸烟上的灰烬，那红的烟火，就越红了，好像一朵小花似的，和他的袖口相距离着。

"这花不怕冻？"以后，我又问过，记不得是在什么时候了。

许先生说:"不怕的,最耐久!"而且她还拿着瓶口给我摇着。

我还看到了那花瓶的底边是一些圆石子,以后,因为熟识了的缘故,我就自己动手看过一两次,又加上这花瓶是常常摆在客厅的黑色长桌上;又加上自己是来在寒带的北方,对于这在四季里都不凋零的植物,总带着一点惊奇。

而现在这"万年青"依旧活着,每次到许先生家去,看到那花,有时仍站在那黑色的长桌上,有时站在鲁迅先生照像的前面。

花瓶是换了,用一个玻璃瓶装着,看得到淡黄色的须根,站在瓶底。

有时候许先生一面和我们谈论着,一面检查着房中所有的花草。看一看叶子是不是黄了,该剪掉的剪掉,该洒水的洒水,因为不停地动作是她的习惯。有时候就检查着这"万年青",有时候就谈着鲁迅先生,就在他的照像前面谈着,但那感觉,却像谈着古人那么悠远了。

至于那花瓶呢?站在墓地的青草上面去了,而且瓶底已经丢失,虽然丢失了也就让它空空地站在墓边。我所看到的是从春天一直站在秋天;它一直站到邻旁墓头的石榴树开了花而后结成了石榴。

从开炮以后,只有许先生绕道去过一次,别人就没有去过。当然那墓草是长得很高了，而且荒了，还说什么花瓶，恐怕鲁迅先生的瓷半身像也要被荒了的草埋没到他的胸口。

  我们在这边，只能写纪念鲁迅先生的文章，而谁去努力剪齐墓上的荒草？我们是越去越远了，但无论多么远，那荒草是总要记在心上的。

回忆鲁迅（节选）

郁达夫[①]

病故消息

鲁迅作故的时候，我正飘流在福建。那一天晚上，刚在南台一家饭馆里吃晚饭，同席的有一位日本的新闻记者，一见面就问我，鲁迅逝世的电报接到了没有？我听了，虽则大吃了一惊，但总以为是同盟社造的谣。因为不久之前，我曾在上海会过他，我们还约好于秋天同去日本看红叶的。后来虽也听到他的病，但平时晓得他老有因为落夜而致伤风的习惯，所以总觉得这消息是不可靠的误传。因为得了这一个消息之故，那一天晚上，不待终席我就走了。同时在那一夜里，福建报上，有一

[①] 郁达夫（1896—1945），原名郁文，字达夫，浙江富阳人。中国现代作家、革命烈士，鲁迅先生的朋友。代表作有《沉沦》《故都的秋》《春风沉醉的晚上》《迟桂花》等。

篇演讲稿子也有改正的必要，所以从南台走回城里的时候，我就直上了报馆。

晚上十点钟以后，正是报馆里最忙的时候，我一到报馆，与一位负责的编辑只讲了几句话，就有位专编国内时事的记者，拿了中央社的电稿来给我看了；电文却与那一位日本记者所说的一样，说是"著作家鲁迅，于昨晚在沪病故"了。

我于惊愕之余，就在那一张破稿纸上，写了几句电文："上海申报转许景宋女士：骤闻鲁迅噩耗，未敢置信，万请节哀，余事面谈。"第二天的早晨，我就踏上了三北公司的靖安轮船，奔回到了上海。

鲁迅的葬事，实在是中国文学史上空前的一座纪念碑，他的葬仪，也可以说是民众对日人的一种示威活动。工人、学生、妇女团体，以前鲁迅生前的知友亲戚，和读他的著作，受他的感化的不相识的男男女女，参加行列的总有一万人以上。

当时中国各地的民众正在热叫着对日开战，上海的智识分子，尤其是孙夫人蔡先生等旧日自由大同盟的诸位先进，提倡得更加激烈，而鲁迅适当这一个时候去世了，他平时，也是主张对日抗战的，所以民众对于鲁迅的死，就拿来当作了一个非抗战不可的象征；换句话说，就是在把鲁迅的死，看作了日本侵略中国的具体事件之一。在这个时候，在这一种情绪下的全国民众，对鲁迅的哀悼之情,自然可以不言而喻了;所以当时全国所出的刊物,无论哪一种定期或不定期的印刷品上,都充满了哀吊鲁迅的文字。

但我却偏有一种爱冷不感热的特别脾气,以为鲁迅的崇拜者、友人、同事,既有了这许多追悼他的文字与著作,那我这一个渺乎其小的同时代者,正可以不必马上就去铺张些我与鲁迅的关系。在这一个闹热关头,我就是写十万百万字的鲁迅的文章,于鲁迅之大,原是不能再加上以毫末,而于我自己之小,反更足以多一个证明。因此,我只在《文学》月刊上写了几句哀悼的话,此外就一字也不提,一直沉默到了现在。

现在哩!鲁迅的《全集》已经出版了;而全国民众,正在一个绝大的危难底下抖擞。在这伟大的民族受难期间,大家似乎对鲁迅个人的伤悼情绪减少了些了,我却想来利用余闲,写一点关于鲁迅的回忆。若有人因看了这回忆之故,而去多读一次鲁迅的集子,那就是我对于故人的报答,也就是我所以要写这些断片的本望。

第一次见面

和鲁迅第一次的见面,不知是在哪一年哪一月哪一日——我对于时日地点,以及人的姓名之类的记忆力,异常地薄弱,人非要遇见至五六次以上,才能将一个人的名氏和一个人的面貌连合起来，记在心里——但地方却记得是在北平西城的砖塔胡同一间坐南朝北的小四合房子里。因为记得那一天天气很阴沉，所以一定是在我去北平，入北京大学教书的那一年冬天，时间仿佛是在下午的三四点钟。若说起那一年的大事情来，却又有史可稽了。

去看鲁迅，也不知是为了什么事情。他住的那一间房子，我却记得很清楚，是在那两座砖塔的东北面，正当胡同正中的地方。一个三四丈宽的小院子，院子里长着三四棵枣树。大门朝北，而住屋——三间上房——却朝正南，是杭州人所说的倒骑龙式的房子。

那时候，鲁迅还在教育部里当佥事，同时也在北京大学里教小说史略。我们谈的话，已经记不起来了，但只记得谈了些北大的教员中间的闲话，和学生的习气之类。

他的脸色很青，胡子是那时候已经有了；衣服穿得很单薄，而身材又矮小，所以看起来像是一个和他的年龄不大相称的样子。

他的绍兴口音，比一般绍兴人所发的来得柔和，笑声非常之清脆，而笑时眼角上的几条小皱纹，却很是可爱。

房间里的陈设简单得很，散置在桌上。书橱上的书籍也并不多，但却十分的整洁。桌上没有洋墨水和钢笔，只有一方砚瓦，上面盖着一个红木的盖子。笔筒是没有的，水池却像一个小古董，大约是从头发胡同的小市上买来的无疑。

他送我出门的时候，天色已经晚了，北风吹得很大；门口临别的时候，他不晓说了一句什么笑话，我记得一个人在走回寓舍来的路上，因回忆着他的那一句，满面还带着了笑容。

兄弟纠纷

那时候，我住在阜城门内巡捕厅胡同的老宅里。时常来往的，是住在东城禄米仓的张凤举、徐耀辰两位，以及沈尹默、沈兼士、沈士远的三昆仲；不时也常和周作人氏、钱玄同氏、胡适之氏、马幼渔氏等相遇，或在北大的休息室里，或在公共宴会的席上。这些同事们，都是鲁迅的崇拜者，而对于鲁迅的古怪脾气，都当作一件似乎是历史上的轶事在谈论。

在我与鲁迅相见不久之后，周氏兄弟反目的消息，从禄米仓的张徐二位那里听到了，原因很复杂，而旁人终于也不明白是究竟为了什么。但终鲁迅的一生，他与周作人氏，竟没有和解的机会。

本来，鲁迅和周作人氏哥儿俩，是住在八道湾的那一所大房子里的。这一所大房子，系鲁迅在几年前，将他们绍兴的祖屋卖了,与周作人在八道湾买的;买了之后,加以修葺,他们兄弟和老太太就统在那里住了。俄国的那位盲诗人爱罗先珂寄住的,也就是这一所八道湾的房子。

后来,鲁迅和周作人氏闹了,所以他就搬了出来。所住的,大约就是砖塔胡同的那一间小四合了。所以,我见到他的时候,正在他们的口角之后不久的期间。

与戏剧的那些事儿

这时候的教育部,薪水只发到二成三成,公事是大家不办的,所以,鲁迅很有工夫教书、编讲义、写文章。他的短文,大抵是由孙伏园氏拿去,在《晨报副刊》上发表;教书是除北大外,还兼任着师大。

有一次,在鲁迅那里闲坐,接到了一个来催开会的通知,我问他忙么?他说,忙倒也不忙,但是同唱戏的一样,每天总得到处去扮一扮。上讲台的时候,就得扮教授,到教育部去,也非得扮官不可。

他说虽则这样地说,但做到无论什么事情时,却总肯负完全的责任。

至于说到唱戏呢,在北平虽则住了那么久,可是他终于没有爱听京戏的癖性。他对于唱戏听戏的经验,始终只限于绍兴的社戏、高腔、乱弹、目莲戏等,最多也只听到了徽班。阿 Q 所唱的那句"手执钢鞭将你打",就是乱弹班《龙虎斗》里的句子,是赵玄坛唱的。

对于目莲戏,他却有特别的嗜好,他有好几次同我说,这戏里的穿插,实在有许许多多的幽默味。他曾经举出不少的实例,说到一个借了鞋袜靴子去赴宴会的人,到了人来向他索还,只剩大衫在身上的时候,这一位老兄就装作肚皮痛,以两手按着腹部,口叫着我肚皮痛杀哉,将身体伏矮了些,于是长衫就盖到了脚部以遮掩过去的一段,他还照样地做出来给我们看过。说这一段话时,我记得《月夜》的著者,川岛兄也在座上,我们曾经大笑过的。

后来在上海,我有一次谈到了予倩、田汉诸君想改良京剧来作宣传的话,他根本就不赞成,并且很幽默地说,以京剧来宣传救国,那就是"我们救国啊啊啊啊了,这行么?"

孙伏园氏在晨报社,为了鲁迅的一篇挖苦人的恋爱的诗,与刘勉己氏闹反了脸。鲁迅的学生李小峰就与伏园联合起来,出了《语丝》。投稿者除上述的诸位之外,还有林语堂氏,在国外的刘半农氏,以及徐旭生氏等。但是周氏兄弟,却是《语丝》的中心。而每次语丝社中人叙会吃饭的时候,鲁迅总不出席,因为不愿与周作人氏遇到的缘故。因此,在这一两年中,鲁迅在社交界,始终没有露一露脸。无论什么人请客,他总不肯出席;

他自己哩，除了和一二人去小吃之外，也绝对地不大规模（或正式）地请客。这脾气，直到他去厦门大学以后，才稍稍改变了些。

鲁迅的对于后进的提拔，可以说是无微不至。《语丝》发刊以后，有些新人的稿子，差不多都是鲁迅推荐的。他对于高长虹他们的一集团，对于沉钟社的几位，对于未名社的诸子，都一例地在为说项。就是对于沈从文氏，虽则已有人在孙伏园去后的《晨报副刊》上在替吹嘘了，他也时时提到，唯恐诸编辑埋没了他。还有当时在北大念书的王品青氏，也是他所属望的青年之一。

文字纠葛

我的记忆力很差，尤其是对于时日及名姓等的记忆。有些朋友，当见面时却混得很熟，但竟有一年半载以上，不晓得他的名姓的；因为混熟了，又不好再请教尊姓大名的缘故。像这一种习惯，我想一般人也许都有，可是，在我觉得特别的厉害。而鲁迅呢，却很奇怪，他对于遇见过一次，或和他在文字上有点纠葛过的人，都记得很详细，很永固。

所以，我在前段说起过的，鲁迅到上海的时日，照理应该在十八年的春夏之交；因为他于离开厦门大学之后，是曾上广州中山大学去住过一年的；他的重回上海，是在因和顾颉刚起了冲突，脱离中山大学之后；并且因恐受当局的压迫拘捕，其后亦曾在广州闲住了半年以上的时间。

他对于辞去中山大学教职之后，在广州闲住的半年那一节事情，也解释得非常有趣。他说：

"在这半年中，我譬如是一只雄鸡，在和对方呆斗。这呆斗的方式，并不是两边就咬起来，却是振冠击羽，保持着一段相当距离的对视。因为对方的假君子，背后是有政治力量的，你若一经示弱，对方就会用无论哪一种卑鄙的手段，来加你以压迫。"

"因而有一次，大学里来请我讲演，伪君子正在庆幸机会到了，可以罗织成罪我的证据。但我却不忙不迫地讲了些魏晋人的风度之类，而对于时局和政治，一个字也不曾提起。"

在广州闲住了半年之后，对方的注意力有点松懈了，就是对方的雄鸡，坚忍力有点不能支持了；他就迅速地整理行囊，乘其不备而离开了广州。

人虽则离开了，但对于代表恶势力而和他反对的人，他却始终不会忘记。所以，他的文章里，无论在哪一篇，只教用得上去的话，他总不肯放松一着，老会把这代表恶势力的敌人押解出来示众。

对于这一点，我也曾再三地劝他过，劝他不要上当。因为有许多无理取闹，来攻击他的人，都想利用了他来成名。实际上,这一个文坛登龙术,是屡试屡验的法门;过去曾经有不少的青年,因攻击鲁迅而成了名的。但他的解释,却很彻底。他说:

"他们的目的,我当然明了。但我的反攻,却有两种意思。第一,是正可以因此而成全了他们;第二,是也因为他们,而真理愈得阐发。他们的成名,是焰火似的一时的现象,但真理却是永久的。"

他在上海住下之后,这些攻击他的青年,愈来愈多了。最初,是高长虹等,其次是太阳社的钱杏村等,后来则有创造社的叶灵凤等。他对于这些人的攻击,都三倍四倍地给予了反攻,他的杂文的光辉,也正因了这些不断的搏斗而增加了熟练与光辉。他的《全集》的十分之六七,是这种搏斗的火花,成绩俱在,在这里可以不必再说。

此外还有些并不对他攻击,而亦受了他的笔伐的人,如张若谷、曾今可等;他对于他们,在酒兴浓溢的时候,老笑着对我说:

"我对他们也并没有什么仇。但因为他们是代表恶势力的缘故,所以我就做了堂·克蓄德,而他们却做了活的风车。"

关于堂·克蓄德这一名词,也是钱杏村他们奉赠给他的。他对这名词并不嫌恶,反而是很喜欢的样子。同样在有一时候,叶灵凤引用了苏俄讥高尔基的画来骂他，说他是"阴阳面的老人"，他也时常笑着说："他们比得我太大了，我只恐怕承当不起。"

创造社和鲁迅的纠葛，系开始在成仿吾的一篇批评，后来一直地继续到了创造社的被封时为止。

鲁迅对创造社，虽则也时常有讥讽的言语，散发在各杂文里；但根底却并没有恶感。他到广州去之先，就有意和我们结成一条战线，来和反动势力拮抗的；这一段经过，恐怕只有我和鲁迅及景宋女士三人知道。

至于我个人与鲁迅的交谊呢，一则因系同乡，二则因所处的时代，所看的书，和所与交游的友人，都是同一类属的缘故，始终没有和他发生过冲突。

后来，创造社因被王独清挑拨离间，分成了派别，我因一时感情作用，和创造社脱离了关系，在当时，一批幼稚病的创造社同志，都受了王独清等的煽动，与太阳社联合起来攻击鲁迅，但我却始终以为他们的行动是越出了常轨，所以才和他计划出了《奔流》这一个杂志。

对青年的提拔

当编《奔流》的这一段时期，我以为是鲁迅的一生之中，对中国文艺影响最大的一个转变时期。

在这一年当中，鲁迅的介绍左翼文艺的正确理论的一步工作，才开始立下了系统。而他的后半生的工作的纲领，差不多全是在这一个时期里定下来的。

当时在上海负责在做秘密工作的几位同志，大抵都是在我静安寺路的寓居里进出的人；左翼作家联盟，和鲁迅的结合，实际上是我做的媒介。不过，左联成立之后，我却并不愿意参加，原因是我的个性是不适合于这些工作的，我对于我自己，认识得很清，决不愿担负一个空名，而不去做实际的事务；所以，左联成立之后，我就在一月之内，对他们公然地宣布了辞职。

鲁迅的热心于提拔青年的一件事情，是大家在说的。但他的因此而受痛苦之深刻，却外边很少有人知道。像有些先受他的提拔，而后来却用攻击的方法以成自己的名的事情，还是彰明显著的事实，而另外还有些"挑了一担同情来到鲁迅那里，强迫他出很高的代价"的故事，外边的人，却大抵都不晓得了。在这里，我只举一个例：

在广州的时候，有一位青年的学生，因平时被鲁迅所感化而跟他到了上海。到了上海之后，鲁迅当然也收留他一道住在景云里那一所三层楼的弄堂房子里。但这一位青年，误解了鲁迅的意思，以为他没有儿子——当时海婴还没有生——所以收留自己和他住下，大约总是想把自己当作他的儿子的意思。后来，他又去找了一位女朋友来同住，意思是为鲁迅当儿媳妇的。可是，两人坐食在鲁迅的家里，零用衣饰之类。鲁迅当然是供给不了的；于是这一位自定的鲁迅的子嗣，就发生了很大的不满，要求鲁迅，一定要为他谋一出路。

鲁迅没法子，就来找我，教我为这青年去谋一职业，如报馆校对，书局伙计之类；假使是真的找不到职业，那么亦必须请一家书店或报馆在名义上用他做事，而每月的薪水三四十元，当由鲁迅自己拿出，由我转交给这书局或报馆，作为月薪来发给。

这事我向当时的现代书局说了，已经说定是每月由书局和鲁迅各拿出一半的钱来，使用这一位青年。但正当说好的时候，这一位青年却和爱人脱离了鲁迅而走了。

这一件事情，我记得章锡琛曾在鲁迅去世的时候写过一段短短的文章；但事实却很复杂，使鲁迅为难了好几个月。从这一回事情之后，鲁迅就爱说"青年是挑了一担同情来的"趣话。不过这仅仅是一例，此外，因同情青年的遭遇，而使他受到痛苦的事实还正多着哩！

逝世之前

一九二九年以后，有许多青年，以及正义的斗士，都无故而被牺牲了。此外，还有许多从事革命运动的青年，在南京，上海，以及长江流域的通都大邑里，被捕的，正不知有多少。在上海专为这些革命志士以及失业工人等救济而设的一个团体，是共济会。但这时候，这救济会已经遭了当局之忌，不能公开工作了；所以弄成请了律师，也不能公然出庭，有了店铺作保，也不能去向法庭请求保释的局面。在这时候，带有国际性的民权保障自由大同盟，才在孙夫人（宋庆龄女士）、蔡先生（孑民）等的领导下，在上海成立了起来。鲁迅和我，都是这自由大同盟的发起人，后来也连做了几任的干部，一直到南京的通缉令下来，杨杏佛被暗杀的时候为止。

在这自由大同盟活动的期间，对于平常的集会，总不出席的鲁迅，却于每次开会时一定先期而到；并且对于事务是一向不善处置的鲁迅，将分派给他的事务，也总办得井井有条。从这里，我们又可以看出，鲁迅不仅是一个只会舞文弄墨的空头文学家，对于实务，他原是也具有实际干才的。说到了实务，我又不得不想起我们合编的那一个杂志《奔流》——名义上，虽则是我和他合编的刊物，但关于校对、集稿、算发稿费等琐碎的事务，完全是鲁迅一个人效的劳。

他的做事务的精神，也可以从他的整理书斋，和校阅原稿等小事件上看得出来。一般和我们在同时做文字工作的人，在我所认识的中间，大抵十个有九个都是把书斋弄得乱杂无章的。而鲁迅的书斋，却在无论什么时候，都整理得必清必楚。他的校对的稿子，以及他自己的文章，涂改当然是不免，但总缮写得非常地清楚。

直到海婴长大了，有时候老要跑到他的书斋里去翻弄他的书本杂志之类；当这样的时候，我总看见他含着苦笑，对海婴说，"你这小捣乱看好了没有？"海婴含笑走了的时候，他总是一边谈着笑话，一边先把那些搅得零乱的书本子堆叠得好好，然后再来谈天。

记得有一次，海婴已经会说话的时候了，我到他的书斋去的前一刻，海婴正在那里捣乱，翻看书里的插画。我去的时候，书本子还没有理好。鲁迅一见着我，就大笑着说："海婴这小捣乱，他问我几时死，他的意思是我死了之后，这些书本都应该归他的。"

鲁迅的开怀大笑，我记得要以这一次为最兴高采烈。听这话的我，一边虽也在高笑，但暗地里一想到了"死"这一个定命，心里总不免有点难过。尤其是像鲁迅这样的人，我平时总不会把死和他联合起来想在一道。就是他自己，以及在旁边也在高笑的景宋女士，在当时当然也对于死这一个观念的极微细的实感都没有的。

这事情，大约是在他去世之前的两三年的时候；到了他死之后，在万国殡仪馆成殓出殡的上午，我一面看到了他的遗容，一面又看见海婴仍是若无其事地在人前穿了小小的丧服在那里快快乐乐地跑，我的心真有点儿绞得难耐。

枝枝节节

关于鲁迅的回忆，枝枝节节，另外也正还多着；可是他给我的信件之类，有许多已在搬回杭州去之前先烧了，有几封在上海北新书局里存着，现在又没有日记在手头，所以就在这里先暂搁笔，以后若有机会，或许再写也说不定。

下 辑

藏书一瞥

许广平[1]

鲁迅先生的藏书,以前大部分原是放在南屋的,大约因为出借给阮先生住了,这才搬到北屋靠西的一间房子里。那里紧对门就是四口书箱成一田字式竖排着,背后也一样,共八只。再靠西墙壁处放着到沪住下了之后寄回去的八只木箱子,里面紧挤着的全是在上海买到的日文书和在广东教学时广雅书局买到的线装古书,是散页,并没有装订好的。此外更有些新文学的书等。还有四只白皮箱,里面装着历年搜集到的碑帖,以及亲手抄写的古碑,和亲自编好的砖考等。此外还有两只书橱,装的书是中文、日文,外国文都有,另外一只书橱一半是书,一半却是从西安带回的以及平时搜集的从坟里出土的泥人泥马之类的东西。再有一只大皮箱,以前原是

---

[1] 许广平(1898—1968),字濑园,笔名景宋,广东番禺人,鲁迅先生的爱人。曾是上海《妇女知识》丛书以及《妇女月刊》《民主周刊》编辑、撰稿人,上海《文汇报》主办的《妇友》副刊编辑。

放在鲁迅先生床头一角的,现在也并入这小屋子里,那里面就只是些杂物了,另外还有两小箱的中文书,一共是大小二十六只箱子和书橱。我从十月二十四日至十一月五日差不多两个星期,天天躲在这书箱周围,逐只打开,去尘,包裹,再投些樟脑丸,然后重新封锁,如果没有什么其他事故,照这样整理过,对于保存上或者比较妥当了。此外放在别地方的杂志,以及在鲁迅先生昔日作工的房间里,还有些《小说月报》《东方杂志》《语丝》等期刊,都曾经鲁迅先生手泽,按半年作一包,在书脚处注明书名、期数,可惜不知谁随手取阅,甚至有阅后并不归还,中间缺去册数,书脚的亲笔字亦被撕毁的,也只能把残余的包裹起来,一同请入封锁书籍的西屋里了。

　　鲁迅先生研究学问的方面很广博,大致对于前辈的从书目入手的方法也并皆采纳,在他消闲的时间,就时常看见他把书目看得津津有味,我却从不爱沾手的。有时鲁迅先生也解释给我听:"这是治学之道,有人偷偷捧住《书目答问》死啃一下就向人夸耀博学的了,其实不过如此而已。"我想鲁迅先生的披览,未必志在夸耀,而是他确实是藏书无多,有时为了研究史学之类,或某种著作,只得借书目作参考之一罢了。因此他的藏书里随时遇到许多出版年代不同和地域不同的书目。

　　正式供给思想的丰富的如哲学部门有德国哲学,更多的是辩证法的,以及马克思的认识论之类的一大部分书籍。从这里可以看见他沉浸在社会科学方面的用功夫的长久，可以比方作制中药的九蒸九晒，已经纯熟之极了。佛教和美学，作为哲学的另一蹊径，鲁迅先生也并非不关心的，在他的藏书一角也占相当地位就可以知道。

自然科学部，如有机化学、矿物学、生物学、进化论、遗传论、生理学、解剖学、性生理及卫生、西法医学、人类学中之人种学，以及动物学中之《昆虫记》等，这些书都有一个系统，就是鲁迅先生从东京学医以及回国执教多少和这方面有姻缘，而晚年的想译《昆虫记》，是仍然没有把这方面的兴趣消灭的明证。

《世界美术全集》、世界出版美术史、美学、图案画、版画等的藏书，与其说是由于他晚年的爱好，不如说是本来是多年的研究，似更的确。我们从他的批评木刻作品的见地上观察，就可以晓得他的说话，不是冒充内行，确有独到之处。再从他翻译《美术史潮论》，更可看出他的爱美观念了。

各地风俗人情的不同，影响到社会发展，演变到政治趋向，这也是研究文学者所应关心的，鲁迅先生藏书中于民族学、民俗学以及风土记之流也爱浏览。

社会学方面，无产者文化、社会演化、社会心理、家庭、恋爱、阶级斗争、社会运动等以及和这关联的经济学、财产进化论、工厂制、各国政治状况、马克思主义及法理学、历史哲学、近世史、世界史、中国文化史等书也存不少。

各地游记、印象记、杂记、传记也有，自然也是风土的旁支了。

论文学的也不少，文艺批评、诗歌、戏剧、小说、杂著、童话，有关英、德、法、意大利、西班牙、瑞典、挪威、匈牙利、捷克、苏联等国的文学研究，都是鲁迅先生时刻亲炙的精神食粮。

国学方面各种类书丛书也占一些地位，但似乎并没有什么难得的海内孤本，不知是原来没有呢，还是偶有一二亦不能保。或则因为鲁迅先生平时对于善本、珍本的购买力未必很多，而他的记忆强和图书馆的徘徊恐怕对于他更易借助。

钞本也有十余种，最著的如碑录、六朝墓名目录等。《沈下贤文集》十二卷，为唐沈亚之撰的鲁迅钞本（另外还有一份别人的钞本，又有一种印本，同一人而如此再三注意的，除《嵇康集》之外就算沈集了）。另两种钞本为谢承《后汉书》及《岭表录异》，前者有补逸，而后者附校勘，都曾经费一番心血的。我们从鲁迅先生这许多钞本看来，他的精力，费在这里实在不少，令见者无不怃然，似乎埋首于故纸堆中，毫无足取似的。或且越钻越深，爬不起来，看不见世界，畏惧到光明的刺目，因而投诸清流，了此一生，真可以与王国维并肩等量了罢！然而我的观点却不如此。鲁迅一开头舍弃医学而弄文学就是面向社会，面向人生，在东京想出书，也离不开对现实的反抗，没有丝毫示弱之处。一九一二年以后，在北平身当袁世凯的凶残，暂时沉默一下，钞录古碑是事实，是另一战斗的准备。后来袁氏跋扈有加，不能再忍的时候，鲁迅曾经离平南下，这从他的日记（一九一七年）可见一二。后来（一九一九年）《新青年》出版，叫喊的人也有了，根据他最初的志向和个性，鲁迅自然不会躲起来的，说是由于钱玄同先生的劝勉，才开始写《狂人日记》，读者想不至于连他自己的谦抑话也板板二十四地计算的吧。自己当然会死，社会却一定进步。绝不会使社会跟着自己走向坟墓里去，这是鲁迅的确信。这一确信，领导鲁迅跨过许多渣滓，超越许多前人，大踏步往前走。就是病了，也绝不肯倒下，用他一口气、一分力，向中国叫喊，向黑暗叫喊，向一切敌人叫喊，为什么要投水呢？这只有王国维；再之前，是屈原，不是鲁迅！

鲁迅在日本

冯文炳①

鲁迅生在中国旧式士大夫家庭里。在他十三岁以前,他的家庭是"小康人家"。他的祖父是清朝的一个进士。鲁迅十三岁那年,祖父因故下狱,同时他的父亲生了重病,家庭经济非常困难。《呐喊》自序里说:"我有四年多,曾经常常,——几乎是每天,出入于质铺和药店里,年纪可是忘却了,总之是药店的柜台和我一样高,质铺的是比我高一倍,我从一倍高的柜台外送上衣服或首饰去,在侮蔑里接了钱,再到一样高的柜台上给我久病的父亲去买药。"鲁迅用了他所清楚记得的两样店铺的柜台给我们画了一个形象,说实在话,在旧日社会里有三件事城市里的小孩子不懂,即是药铺与当铺,再便是监狱。而鲁迅当时大约都经验过了。我们已经知

---

① 冯文炳(1901—1967),字蕴仲,笔名废名,湖北黄梅人,中国现代作家、诗人、小说家,在文学史上被视为"京派文学"的鼻祖。代表作有《桃园》《桥》《莫须有先生传》。

道，鲁迅爱画画儿，曾把《荡寇志》和《西游记》的绣像描了一大本，这一大本，在那同一篇文章里他说："后来，为要钱用，卖给一个有钱的同窗了。"这无疑是出入于质铺和药店的时候。在他父亲故去之后，他在《朝花夕拾》里的一篇《琐记》里说："我其时觉得有许多东西要买，看的和吃的。只是没有钱。"他并说这时家里已经没有东西可以变卖了。他并说这时他对城里人的脸"早经看熟，如此而已，连心肝也似乎有些了然"。可见他受的刺激之深。就在这时，他十八岁，他的母亲为他筹了八元旅费由他到南京去投考不要学费的学校，他考进了江南水师学堂。那时读书人还认为科举应试是正路，进学校叫作"学洋务"，是被人瞧不起的。而鲁迅争取着走新的路。他在水师学堂学了一年，《琐记》里说："总觉得不大合适，可是无法形容出这不合适来。现在是发现了大致相近的字眼了，'乌烟瘴气'，庶几乎可也。只得走开。"第二年他改入仍在南京的江南陆师学堂附设的矿路学堂。进这学堂的第二年，"总办是一个新党，他坐在马车上的时候大抵看着《时务报》"。这时，我们可以看见当时所谓"新学"对鲁迅的鼓舞了，在《琐记》里有这样的文章：

> 看新书的风气便流行起来，我也知道了中国有一部书叫《天演论》。星期日跑到城南去买了来，

白纸石印的一厚本,价五百文正。翻开一看,是写得很好的字,开首便道:

"赫胥黎独处一室之中,在英伦之南,背山而面野,槛外诸境,历历如在机下。乃悬想二千年前,当罗马大将恺撒未到时,此间有何景物?计惟有天造草昧……"

哦!原来世界上竟还有一个赫胥黎坐在书房里那么想,而且想得那么新鲜?一口气读下去,"物竞""天择"也出来了,苏格拉第、柏拉图也出来了,斯多噶也出来了。学堂里又设立了一个阅报处,《时务报》不待言,还有《译学汇编》,那书面上的张廉卿一流的四个字,就蓝得很可爱。

"你这孩子有点不对了,拿这篇文章去看去,抄下来去看去。"一位本家的老辈严肃地对我说,而且递过一张报纸来。接来看时,"臣许应骙跪奏……",那文章现在是一句也不记得了,总之是参康有为变法的;也不记得可曾抄了没有。

仍然自己不觉得有什么"不对",一有闲空,就照例地吃侉饼、花生米、辣椒,看《天演论》。

这文章是在吃辣椒看《天演论》后二十六七年写的,鲁迅还是情不自禁,写得多么喜悦,我们可以看出青年鲁迅当时是多么的欢欣鼓舞呵!星期日跑去买了本

《天演论》来，一口气读下去，"物竞""天择"的问题都提出了，鲁迅这时对于中国的封建社会，一定是感到天翻地覆，他一定是用了新的方法去思考了。他从始就不是一个改良主义者，同康有为等当时的"新党"不同，他同情康有为、严复，是对他们的进步性共鸣，康、严都是毛主席说的"先进的中国人"。鲁迅在后来的文章里对康有为总没有说过坏话，就是在写《花边文学》的时候还是同情他。在别人批评严复的翻译时，鲁迅又极力替严复辩护。他掌握了历史观点，同毛主席是不谋而合。

鲁迅一八九八年到南京，一九〇一年在矿路学堂毕业，一九〇二年由江南督练公所派赴日本留学。在南京四年之中，有一八九八年"戊戌维新变法"，一九〇〇年义和团反帝斗争和八国联军攻陷北京，一九〇一年《辛丑条约》，这些事故对他的爱国思想起了多大的刺激，我们可想而知，他也就决定了他自己救国的道路，如他自己在《自叙传略》上所说，他在南京本来是学开矿的，"但待到在东京的豫备学校毕业，我已经决意要学医了，原因之一是因为我确知道了新的医学对于日本的维新有很大的助力"。在选择救国的道路上，鲁迅同一般小资产阶级知识分子不同，先是他决意学医，二年之后又决意学文学，在当时很少有同调的。在他到仙台医学专门学校时，他说那里"还没有中国的学生"。他总有着较一般更为彻底的要求。他的出发点是在于"思想革命"。因为他革命的意识重，爱国的意识重，所以他学一种东西，从来没有单纯技术的要求，不论学医，或者学文学，都是为着救中国。他也同当时革命的知识分子一样，深深怀着民族革命的感情，一九〇三年他在东京送照片给朋友，在照片上面题着"我以我血荐轩辕"的诗句。这事在《朝花夕拾》里的《藤野先生》这篇文章里有着记载。一鳞一爪，我们可以看出鲁迅怎样的深心呵！他在东京听说革命志士徐锡麟、秋瑾被杀的消息，他悲恸已极，他一直不能忘记，到了写《狂人日记》写《药》的时候还要纪念他们！我们去翻《狂人日记》里"徐锡林"的名字罢，《药》里的"夏瑜"就是秋瑾的纪念罢！

他先在仙台学医，二年之后要改学文学，这缘故他自己讲过好几次的。那时正当日俄战争的时候，在《藤野先生》里面鲁迅这样记着：

但我接着便有参观枪毙中国人的命运了。第二年添教霉菌学，细菌的形状是全用电影来显示的，一段落已完而还没有到下课的时候，便影几片时事的片子，自然都是日本战胜俄国的情形。但偏有中国人夹在里边：给俄国人做侦探，被日本军捕获，要枪毙了，围着看的也是一群中国人；在讲堂里的还有一个我。

"万岁!"他们都拍掌欢呼起来。

这种欢呼,是每看一片都有的,但在我,这一声却特别听得刺耳。此后回到中国来,我看见那些闲看枪毙犯人的人们,他们也何尝不酒醉似的喝彩,——呜呼,无法可想!但在那时那地,我的意见却变化了。

这是隔了二十多年以后追述的话,鲁迅以一个中国青年学生,在那一群拍掌欢呼的日本人当中又只有他一个中国人,他受了多么大的刺激呵!因了这一刺激,他认为中国人"麻木",他学医的志愿变化了,他认为第一要招是改变国民的精神,"而善于改变精神的是,我那时以为当然要推文艺",于是他弃医不学离开仙台到东京去提倡文艺运动。这个变化也是很不容易的,在那时他能把文艺看得那么重要,"当然要推文艺"。我们于此也可以看出,在他学医的同时,他已经接触了世界文学,世界文学上的革命爱国诗人已经给他以鼓动。从此一些欧洲文学,英国的拜伦、雪莱,德国的海涅,俄国的普希金、莱蒙托夫,波兰的显克微支,匈牙利的彼得斐,对他都发生了影响。鲁迅实在是一个诗人,不过在文艺形式上他应该向小说方面发展,所以在外国文学之中,他慢慢集中注意于小说,影响他最深的是俄国的果戈里和波兰的显克微支,在他们的作品里,讽刺的笔调,爱国的热诚,深深地感动了他。五四时期他在创作上的伟大贡献,这时候已经在酝酿中了,在他这里已经有了新文学的萌芽。

杂谈翻译

许寿裳[1]

鲁迅自从办杂志《新生》的计划失败以后,不得已而努力译书,和其弟作人开始介绍欧洲新文艺,刊行《域外小说集》,相信这也可以转移性情,改造社会的。他们所译偏于东欧和北欧的文学,尤其是弱小民族的作品,因为它们富于挣扎、反抗、怒吼的精神。鲁迅所译安特来夫的《默》和《谩》,迦尔洵的《四日》,我曾将德文译本对照读过,觉得字字忠实,丝毫不苟,无任意增删之弊,实为译界开辟一个新时代的纪念碑,使我非常兴奋。其《序言》所云"第收录至审慎,迻译亦期勿失文情,异域文术新宗,自此始入华土",这实在是诚信不欺之言。第一册出版以后,我承惠赠了好几册,但我还特地到东京寄售处购买一册,并且时时去察看,

---

[1] 许寿裳(1883—1948),字季茀,号上遂,浙江绍兴人。中国近代著名学者、传记作家,鲁迅先生的朋友。代表作有《鲁迅传》《章炳麟传》。

为的怕那里有不遵定价，额外需索的情形，所以亲去经验，居然画一不二，也就放心了，不过销路并不好，因为那时的读者，对于这样短篇新品，还缺少欣赏的能力和习惯。我那时正有回国之行，所以交给上海寄售处的书，就由我带去的。

鲁迅译厨川白村的《苦闷的象征》时，曾对我说："这是一部有独创力的文学论，既异于科学家似的玄虚，而且也并无一般文学论者的繁碎。作者在去年大地震里遭难了。我现在用直译法把它译出来。"我照例将原文对照一读，觉得鲁迅的直译功夫较前更进步了。虽说是直译的，却仍然极其条畅，真非大手笔不办。他深叹中国文法的简单，一个"的"字的用处，日本文有"フ""處""的"等等，而中国文只有一个"的"字。于是创造出分别来："其中尤须声明的，是几处不用'的'字，而特用'底'字的缘故。即凡形容词与名词相连成一名词者，其间用'底'字，例如 Social being 为社会底存在物，Psychische Trauma 为精神底伤害等；又形容词之由别种品词转来，语尾有-tive, tic 之类者，于下也用'底'字，例如 Speculative, romantic, 就写为思索底，罗曼底。"本书中所引英诗的翻译，我曾效微劳，他在《引言》中还特别提到。

鲁迅译《小约翰》也是一部力作。本书的著者荷兰望·蔼覃（全集卷十四，题下，荷兰误作德国，全集卷一总目内没有错），本来是研究医学，具有广博的知识，青年著作家的精神的领袖，鲁迅的学力很有些和他相似，所以生平爱读这部象征写实的童话诗，有意把它译成中文，发愿很早，还在留学时代，而译成则在二十年以后。初稿系在北平中央公园的一间小屋内，和吾友齐寿山二人挥汗而作，整理则在翌年广州白云楼，那时我和他同住，目睹其在骄阳满室的壁下，伏案工作，手不停挥，真是矻矻孜孜，夜以继日，单是关于动植物的译名，就使他感到不少的困难，遍问朋友，花去很多的精力和时间，他书后附有《动植物译名小记》，可供参考。至于物名的翻译，则更难，因为它是象征，不便译音，必须意译，和文字的务欲近于直译已大相反。小鬼头Wistik 之译作"将知"，科学研究的冷酷的精灵 Pleuzer 之作"穿凿"，小姑娘 Robinetta 之作"荣儿"都是几经斟酌才决定的。

至于鲁迅译果戈里的《死魂灵》，更是一件艰苦的奇功，不朽的绝笔，他受果戈里的影响最深，不是他的第一篇创作《狂人日记》，就和八十多年前，果戈里所写的篇名完全相同吗？"但后起的《狂人日记》意在暴露家族制度和礼教的弊害，却比果戈里的忧愤深广……"当鲁迅卧病的时候，我去访问，谈到这部译本，他告诉我："这番真弄得头昏眼花，筋疲力尽了。我一向以为译书比创作容易，至少可以无须构想，那里知道是难关重重!……"说着还在面孔上现出苦味。他在《"题未定"草》一有云：

……于是"苦"字上头。仔细一读，不错，写法的确不过平铺直叙，但到处是刺，有的明白，有的却隐藏，要感得到；虽然重译，也得竭力保存它的锋头。里面确没有电灯和汽车，然而十九世纪上半期的菜单、赌具、服装，也都是陌生家伙。这就势必至于字典不离手，冷汗不离身，一面也自然只好怪自己语学程度的不够格。

又在同题二有云：

动笔之前，就先得解决一个问题：竭力使它归化，还是尽量保存洋气呢？日本文的译者上田进君，是主张用前一法的。他以为讽刺作品的翻译，第一当求其易懂，愈易懂，效力也愈广大。所以他的译文，有时就化一句为数句，很近于解释。我的意见却两样的。只求易懂，不如创作，或者改作，将事改为中国事，人也化为中国人。如果还是翻译，那么，首先的目的，就在博览外国的作品，不但移情，也要益智，至少是知道何地何时，有这等事，和旅行外国，是很相像的！它必须有异国情调，就是所谓洋气。其实世界上也不会有完全归化的译文。倘有，就是貌合神离，从严辨别起来，它算不得翻译。凡是翻译，必须兼顾着两面，一当然力求其易解，一则保存着原作的丰姿，但这保存，却又常常和易懂相矛盾？看不惯了。不过它原是洋鬼子，当然谁也看不惯，为比较的顺眼起见，只能改换他的衣裳，却不该削低他的鼻子，剜掉他的眼睛。我是不主张削鼻剜眼的，所以有些地方，仍然宁可译得不顺口。……（《且介亭杂文二集·"题未定"草》）

总之，鲁迅对于翻译的理论及其实际，都是成功的，开辟了大道，培养的沃壤，使中国的新文艺得以着着上进，欣欣向荣。

杂谈著作

许寿裳

据我所知，鲁迅的著作有好多篇是未完成的。他对我说过，想要做一部《中国字体发达史》，在开始说明字的起源，就感觉得资料不足。甲骨文中所见的象形，"都已经很进步了，几乎找不出一个原始形态。只在铜器上，有时还可以看见一点写实的图形，如鹿，如象，而从这图形上，又能发现和文字相关的线索！中国文字的基础是'象形'。"我答道诚然，像西班牙亚勒泰米拉（Altamira）洞里的野牛形，在中国的实物上似乎还没有找到。他这部字体发达史，终于没有写出，只在《门外文谈》（《且介亭杂文》）中略现端倪。用"门外"二字作题目，虽说是由于门外乘凉的漫谈，但其实也含着自谦的美意啊。

鲁迅想要做《中国文学史》分章是（一）从文字到文章；（二）诗无邪（《诗经》）；（三）诸子；（四）从《离骚》到《反离骚》；（五）酒、药、女、佛（六朝）；

(六) 廊庙和山林。其大意也曾片段地对我说过。关于诸子者,他说杨子为我,只取他自己明白,当然不会著书;墨子兼爱,必使人人共喻,故其文辞丁宁反复;老子的"无为而无不为",总嫌其太阴柔;庄子的文辞深闳放肆,则入于虚无了。关于《反离骚》者,以为杨雄摭《离骚》而反之,只是文求古奥,使人难懂,所谓"昔仲尼之去鲁兮,斐斐迟迟而周迈,终回复于旧都兮,何必湘渊与涛濑"。但假使竟没有可以回复之处,那将如何呢?《离骚》而至于《反离骚》,《恨赋》而至于《反恨赋》,还有什么意思呢?关于酒和药者,他常常和我讨论,说魏晋人的吃药和嗜酒,大抵别有作用的,他们表面上是破坏礼教,其实是拥护礼教的迂夫子。他那篇《魏晋风度及文章与药及酒之关系》(《而已集》),便是这部文学史的一部分。至于全集所载的《汉文学史纲要》乃是用作讲义,很简单的。

有人说鲁迅没有做长篇小说是件憾事,其实他是有三篇腹稿的,其中一篇曰《杨贵妃》。他对于唐明皇和杨贵妃的性格,对于盛唐的时代背景,地理,人体,宫室,服饰,饮食,乐器以及其他用具……统统考证研究得很详细,所以能够原原本本地指出坊间出版的《长恨歌画意》的内容的错误。他的写法,曾经对我说过,系起于明皇被刺的一刹那间,从此倒回上去,把他的生平一幕一幕似的映出来。他看穿明皇和贵妃两人间的爱情早就衰歇了，不然何以会有"七月七日长生殿"，两人密誓愿世世为夫妇的情形呢？在爱情浓烈的时候，哪里会想到来世呢？他的知人论世，总是比别人深刻一层。

鲁迅对我说："胡适之有考证癖，时有善言，但是对于《西游记》，却考证不出什么。"我问孙悟空的来历是否出于印度的传说，他答道亦有可能，但在唐人传奇中，已可寻出其出处。李公佐的《古岳渎经》所谓禹"获淮涡水神名'无支祁'，善应对言语，辨江淮之浅深，原隰之远近。形若猿猴，缩鼻高额，青躯白首，金目雪牙，颈伸百尺，力逾九象，搏击腾踔疾奔，轻利倏忽，闻视不可久"即是。这件禹伏无支祁的故事，历经演化，宋时又传为僧伽降水母，又得吴承恩的描写，遂成为神通广大的孙悟空了。

鲁迅编《莽原》杂志和《国民新报副刊》时，曾经几度怂恿我去投稿，劝我多写杂文，不要矜持，但是我因行文拙钝，只投过几篇：《论面子》《论翻译之难》……而已。鲁迅则行文敏捷，可是上述的好多篇腹稿和未成稿，终于没有写出，赍志以殁了。其原因：(一)没有余暇。因为环境的艰困，社会政治的不良，自己为生活而奋斗以外，还要帮人家的忙，替别人编稿子，改稿子，绍介稿子，校对稿子，一天忙个不了。他从此发明了一种战斗文体——短评，短小精悍，有如匕首，攻击现实，篇篇是诗，越来越有光彩，共计有十余册之外，再没有工夫来写长篇了，真是生在这个时代这个地方所无可奈何的！（二）没有助手，他全集二十大册，约六百万言，原稿都是用毛笔清清楚楚地手写的。此外，日记和书简，分量也很可观。浅见者说鲁迅的创作只有七大册，翻译多于创作，似乎还比不上外国文豪们的著作等身；殊不知照一个人的精力，时间和事务比例起来，是做不了这许多的。他们誊稿和写信，或许有书记助手可以代劳，但是鲁迅只有他自己一个人。

鲁迅的著作，国际间早已闻名了。记得一九二五年，他做了《自传》和《俄文译本〈阿Q正传〉序》，属我代写一份，因为译者王希礼要把它影印出来，登在译本的卷头。他曾告诉我："瑞典人S托人来征询我的作品，要送给'管理诺贝尔文学奖金委员会'，S以为极有希望的，但是我辞谢了。我觉得中国实在还没有可得诺贝尔奖金的人，倘因为我是黄色人种，特别优待，从宽入选，反足以增长中国人的虚荣心，以为真可与别国媲美了，结果将很糟。……"这是何等谦光，又是何等远见！他又告诉我："罗曼·罗兰读到敬隐渔的法译《阿Q正传》说道，'这部讽刺的写实作品是世界的，法国大革命时也有过阿Q，我永远忘记不了阿Q那副苦恼的面孔。'因之罗氏写了一封给我的信托创造社转致，而我并没收到。因为那时创造社对我笔战方酣，任意攻击，便把这封信抹煞了。……"鲁迅说罢一笑，我听了为之怃然。

鲁迅的精神

许寿裳

抗战到底是鲁迅毕生的精神。他常常说:"在青年,须是有不平而不悲观,常抗战而亦自卫,……"(《两地书(四)》)又说:"血债必须用同物偿还。拖欠得越久,就要付更大的利息!"(《华盖集续编·无花的蔷薇之二》)又说:"富有反抗性,蕴有力量的民族,因为叫苦没用,他便觉悟起来,由哀音而变为怒吼。……他要反抗,他要复仇。"(《而已集·革命时代的文学》)又在抗日战争开始的前一年,他临死时,还说:"因为现在中国最大的问题,人人所共的问题,是民族生存的问题。……中国的唯一的出路,是全国一致对日的民族革命战争。"(《且介亭杂文末编·论现在我们的文学运动》)到现今,抗战胜利后一年,他的逝世已经十周年了,台湾文化协进会来信征文,指定的题目是《鲁迅的精神》,觉得义不容辞,便写出下面的几点意见:

鲁迅作品的精神,一句话说,便是战斗精神,这是为大众而战，是有计划的韧战，一口咬住不放的。这种精神洋溢在他的创作中。他的创作可分为二类：一是小说，即《呐喊》《彷徨》《故事新编》（历史小说），《野草》（散文诗），《朝花夕拾》（回忆文）等。二是短评及杂文，即《坟》（一部分），《热风》《华盖集》和《华盖集续编》《而已集》《三闲集》《二心集》《伪自由书》《南腔北调集》《准风月谈》《花边文学》《且介亭杂文》（共三集），《集外集》和《集外集拾遗》（一部分）等。

鲁迅的小说，以抨击旧礼教，暴露社会的黑暗，鞭策旧中国病态的国民性，对劳苦大众的同情是其特点。例如《阿Q正传》（《呐喊》）是一篇讽刺小说，鲁迅提炼了中国民族一切传统的结晶，创造出这个阿Q典型。阿Q的劣性，仿佛就代表国民性的若干面，足以使人反省，他对于阿Q的劣性像"精神胜利法"等等，当然寄以憎恶，施以攻击，然而憎恶攻击之中，还含着同情。因为阿Q本身是一个无知无告的人，承受了数千年封建制度的遗产，一直被士大夫赵太爷之流残害榨取，以至于赤贫如洗，无复人形。鲁迅对于那些阿Q像赵太爷之流，更加满怀敌意，毫不宽恕。他利用了阿Q以诅咒旧社会，利用了阿Q以衬托士大夫中的阿Q以及人世的冷酷，而对于阿Q的偶露天真，反觉有点可爱了。又如《祝福》（《彷徨》），描写一个旧社会中的女性牺牲者，极其深刻，使知人世的惨事，不惨在狼吃阿毛，而惨在礼教吃祥林嫂。攻击的力量是何等威猛！又如《故事新编》中的《铸剑》，取材于《列异传》(《古小说钩沉》)，是一篇最富于复仇精神和战斗精神的小说，表现得虎掷龙拿，有声有色，英姿活跃，可以使人们看了奋然而起，此外，如《理水》《非攻》，在描写大禹，墨子的伟大的精神中，有他自己的面影存在。至于《野草》，可说是鲁迅的哲学。其中，《死火》乃其冷藏情热的象征；《复仇》乃其誓尝惨苦的模范；《过客》和《这样的战士》，更显然作长期抗战的预告呢！

鲁迅的短评及杂文，以锋利深刻明快之笔，快镜似的反映社会政治的日常事变，攻击一切黑暗的势力，指示着光明社会的道路——这特殊的战斗文体，是鲁迅所发明的，贡献于中国新文学至为宝贵。分量之多，占其创作的大部分。任举一例，如《论雷峰塔的倒掉》(《坟》)，运用了妇孺皆知的传说白蛇姑娘和法海和尚，指出压迫制度的不会长久，而压迫者法海和尚的躲入蟹壳不能出头，倒是永远的，这样巧妙的艺术，使读者仿佛受到催眠，不能不俯于真理之前（参阅茅盾著《研究和学习鲁迅》）。

鲁迅的战斗精神，分析起来，实在方面很多，有道德的，有科学的，有艺术的等等，现在略说如下：

一、道德的：鲁迅表面上并不讲道德，而其人格的修养首重道德，因之他的创作，即以其仁爱为核心的人格的表现。例如《兔和猫》（《呐喊》）因为两个小白兔忽然失踪了，接着有一大串的话：

> 但自此之后，我总觉得凄凉。夜半在灯下坐着想，那两条小性命，竟是人不知鬼不觉的早在不知什么时候丧失了，生物史上不着一些痕迹，并 S 也不叫一声。我于是记起旧事来，先前我住在会馆里，清早起身，只见大槐树下一片散乱的鸽子毛，这明明是膏于鹰吻的了，上午长班来一打扫，便什么都不见，谁知道曾有一个生命断送在这里呢？我又曾路过西四牌楼，看见一匹小狗被马车轧得快死，待回来时，什么也不见了，搬掉了罢，过往行人憧憧的走着，谁知道曾有一个生命断送在这里呢？夏夜，窗外面，常听到苍蝇的悠长的吱吱的叫声，这一定是给蝇虎咬住了，然而我向来无所容心于其间，而别人并且不听到……

正义也是仁爱的一面，鲁迅的创作也重正义的表现。例如《论"费厄泼赖"应该缓行》（《坟》），说革命先烈不主张除恶务尽，徒使恶人得以伺机反噬，"……咬死了许多革命人，中国又一天一天沉入黑暗里，……这就因为先烈的好心，对于鬼蜮的慈悲，使它们繁殖起来，而此后的明白青年，为反抗黑暗计，也就要花费更多的气力和生命。"这样摘发纵恶当作宽容，一味姑息下去的祸患，真是"义形于色"。

二、科学的：鲁迅深慨多数国民之缺乏科学的修养，以致是非不明，善恶颠倒，所以他的创作中竭力提倡真正的科学。现在引几节于下，以见一斑：

> 现在有一班好讲鬼话的人，最恨科学，因为科学能教道理明白，能教人思路清楚，不许鬼混，所以自然而然的成了讲鬼话的人的对头。……据我看来，要救治这"几至国亡种灭"的中国，那种"孔圣人张天师传言由山东来"的方法，是全不对症的，只有这鬼话的对头的科学！——不是皮毛的真正科学！（《热风·随感录三十三》）

> ……到别国已在人工造雨的时候，我们却还是拜蛇，迎神。（《花边文学·汉字和拉丁化》）

鲁迅又为青年的读物计，提倡通俗的科学杂志，他说：

> 单为在校的青年计，可看的书报实在太缺乏了，我觉得至少还该有一种通俗的科学杂志，要浅显而且有趣的。可惜中国现在的科学家不大做文

章，有做的，也过于高深，于是就很枯燥。现在要Blem的讲动物生活，Fabre的讲昆虫故事似的有趣，并且插许多图画的；但这非有一个大书店担任即不能印。至于作文者，我以为只要科学家肯放低手眼，再看看文艺书，就够了。（《华盖集·通讯（二）》）

三、艺术的：鲁迅鉴于国民趣味的低下，所以他的创作中，竭力提倡艺术，有云：

美术家固然须有精熟的技工，但尤须有进步的思想与高尚的人格。他的制作，表面上是一张画或一个雕像，其实是他的思想与人格的表现。令我们看了，不但欢喜赏玩，尤能发生感动，造成精神上的影响。

我们所要求的美术家，是能引路的先觉，不是"公民团"的首领。我们所要求的美术品，是表记中国民族知能最高点的标本，不是水平线以下的思想的平均分数。（《热风·随感录四十三》）

鲁迅倡导艺术，其实际上的工作范围也很广。一，搜集并印行中国近代的木刻。二，介绍外国进步作家的版画。三，奖掖中国青年木刻家。总之，鲁迅熟于中国艺术史，明其何者当取，何者当舍，又博采外国的良规，其目的在创造新时代的民族艺术。他曾用了卢那卡尔斯基的话："一切有生命的，真正地美的艺术，在其本质上都是斗争的。倘若它不是斗争的，倘若它是疲倦的，没有喜悦的，颓废的，那么我们要把它当作疾病，当作这个或别个阶级底生活上的解体和衰灭底 monument 反映，把它否定了。"来鼓励青年艺术家，使中国的艺术，尤其是木刻能够欣欣向荣。他最后精印了《凯绥·珂勒惠支版画选集》，引用了德国霍普德曼（Gerhart Hauptmann）和法国罗曼·罗兰的话如下：

……一九二七年为她的六十岁纪念，霍普德曼那时还是一个战斗的作家，给她书简道："你的无声的描线，侵人心髓，如一种惨苦的呼声：希腊和罗马时候都没有听到过的呼声。"法国罗曼·罗兰（Romain Rolland）则说："凯绥·珂勒惠支的作品是现代德国的最伟大的诗歌，它照出穷人与平民的困苦和悲痛。这有丈夫气概的妇人，用了阴郁和纤秾的同情，把这些收在她的眼中，她的慈母的腕里了。这是做了牺牲的人民的沉默的声音。（《且介亭杂文末编·〈凯绥·珂勒惠支版画选集〉序目》。

凯绥·珂勒惠支的作品实在伟大，鲁迅精印的选集实可宝贵,他说:"只要一翻这集子,就知道她以深广的慈母之爱,为一切被侮辱和损害者悲哀,抗议,愤怒,斗争;所取的题材大抵是困苦,饥饿,流离,疾病,死亡,然而也有呼号,挣扎,联合和奋起。"

其他方面尚多,姑且从略。总之,鲁迅为反对不真,不善,不美而毕生努力奋斗,以期臻于真善美的境界,虽遭过种种压迫和艰困,至死不屈。《摩罗诗力说》所云:"……不为顺世和乐之音,动吭一呼,闻者兴起,争天拒俗,而精神复深感后世人心,绵延至于无已。"这话可以移用,作为鲁迅的战斗精神的写照!

鲁迅的创作,国际间多有译本,苏联翻译尤盛,日本在战前已经出版了《大鲁迅全集》共七大册。

蔡元培先生序《鲁迅全集》,有云:"他的感想之丰富,观察之深刻,意境之隽永,字句之正确,他人所苦思力索而不易得当的,他就很自然地写出来,这是何等天才!又是何等学力!"又云:"综观鲁迅先生全集,虽亦有几种工作,与越缦先生相类似的;但方面较多,蹊径独辟,为后学开示无数法门,所以鄙人敢以新文学开山目之。"蔡先生这话是至言。

鲁迅的人格和思想

许寿裳

鲁迅是青年的导师,他的书不但为现代这一代的青年们所爱读,我相信也将为第二代第三代……青年们所爱读。鲁迅又是民族的文化斗士,他暴露了民族性的缺点,揭发了历史上的暗黑,为大众人民开光明自由之路,独自个首先冲锋突击。鲁迅又是世界的文化斗士,他的书已经为世界第一流文学家们所推许,例如法国罗曼·罗兰见了《阿Q正传》便称赞道:"这是世界的。里面许多讥讽语言,我永远也不会忘记阿Q那副忧愁的面孔。"他的书国际间这样驰名,苏联的翻译尤其盛行,单是《阿Q正传》便有好几种译本。日本也盛行,在鲁迅逝世后不到半年,就出版了《大鲁迅全集》七大册。日本作家中间有些人本来是器小自慢的,独对于鲁迅作品的伟大,居然俯首承认,说是在他们中竟没有一个人可以匹敌的。依佐藤春夫氏所说,鲁迅占有以下四个作家的优点,可以列为算式如下:

鲁迅＝长谷川+二叶亭+森鸥外+幸田露伴。依郁达夫氏所说,则为:

鲁迅＝森鸥外+长谷川+二叶亭+夏目漱石,小田岳夫氏推尊鲁迅尤至。……

鲁迅的作品这样伟大,其原因何在？我敢说,这是由于他的人格的伟大。说到他的人格,我们就得首先注意于各方面：他的学问的幅员是极其广博的,不但于说明科学研究有素,于规范科学也涵养甚深,他学医的时候,伦理学的成绩有八十三分。他的日常生活是朴素的,始终维持着学生时代的生活。他的政治识见是特别优越,欧美政治家多不能与之相比,因为他观察社会实在来得深刻。他的体力又是很强壮的。有人或许要问,他体力强壮,何以会患肺结核而死呢？这是因为经济的压迫,环境的艰困,工作的繁重,助人的慷慨,弄得积劳过度的缘故。他病重的时候,史沫特莱女士带了在上海唯一的西洋肺病专家D医师去诊,他称赞鲁迅是最能够抵抗疾病的典型的中国人,但宣告已经无希望,这要是在欧洲人,那早在五年以前死亡的了。因之,鲁迅没有请他开方,因为想他的医学从欧洲学来,一定没有学给死了五年的病人开方的法子。即此一端,便可证明鲁迅的体力之强。

现在说到他的人格的伟大和圣洁,可以从种种方面来看:

一是真诚。鲁迅无论在求学,在做事,或在写文章,都是处处认真,字字忠实,不肯有丝毫的苟且,不肯有一点马马虎虎,所以他说:"我的确时时解剖别人,然而更多的是更无情面地解剖我自己……"(《坟·写在〈坟〉后面》)他痛恨:"中国人的不敢正视各方面,用瞒和骗,造出奇妙的逃路来,而自以为正路。在这路上,就证明着国民性的怯弱,懒惰,而又巧滑。一天一天的满足着,即一天一天的堕落着……"(《坟·论睁了眼看》)这个真诚,是他的人格的核心之一,也就是作品所以深刻的原因之一。

二是挚爱。鲁迅最富于情爱。他对于祖国对于民族的挚爱,是跟着研究人性和国民性问题的深切而越加热烈,可是他的观察和抉发病根却越来越冷静:"这好比一个医道高明的医师,遇到了平生最亲爱的人,患着极度危险的痼疾,当仁不让,见义勇为,一心要把他治好。试问这个医师在这时候,是否极度冷静地诊察,还是蹦蹦跳跳,叫嚣不止呢?"(拙著《鲁迅的生活》)他对于友人,尤其对于青年,爱护无所不至,不但是物质上多所资助,便是精神上也肯拼命服务,替他们看稿,改稿,介绍稿子,校对稿子,希望能出几个有用人才。他说:

……我在过去的近十年中,费去的力气实在也并不少,即使校对别人的译著,也真是一个字一个字的看下去,决不肯随便放过,敷衍作者和读者的,并且毫不怀着有所利用的意思。(《三闲集·鲁迅译著书目》)

鲁迅这样替人用力确乎不虚,因此成名的颇不乏人,固然也有吃力不讨好的,或是受骗的,鲁迅却泰然说道:"我不能因为一个人做了贼,就疑心一切的人。"这是多么伟大!这个挚爱是他人格的核心,也就是作品所以伟大的原因。

三是坚贞。鲁迅要想造出大群的新的战士,在文学战线上的必须"韧",他自己便是一个"韧"战的模范。他是一位为民请命,拼命硬干的人,一九三〇年春,忽负密令通缉的罪名,相识的人都劝他暂避,而鲁迅处之泰然,有云:"……故且深自韬晦,冀延余年,倘举朝文武,仍不相容,会当相偕以泛海,或相率而授命耳。"(《鲁迅书简·复李秉中函》)他虽身在围攻禁锢之中,毫无畏缩,而坚韧奋斗,始终不屈。他的上海寓屋是在越界筑路的北四川路,即那时所谓"半租界"。所以他的最后的杂文集,题名曰《且介亭杂文》,且介者,租界两字之各半也。他虽因肺结核而至垂死的时候,还是不肯小休,不肯出国去作转地疗养,"要赶快做"。弥留的前夕,还是握管如恒。这种为民族,为后代的自我牺牲精神，真是实践了他自己的诗句"俯首甘为孺子牛"，我们只有俯首佩服！

四是勤劳。鲁迅发愤著译的时候，我亲眼看见他每每忘昼夜，忘寒暑，甚而至于忘食。景宋在《〈死魂灵〉附记》中，有着两段的话：

> 我从《死魂灵》想起他艰苦的工作：全桌面铺满了书本，专诚而又认真地，沉湛于中的，一心致志的在翻译。有时因了原本字汇的丰美，在中国的方块字里面，找不出适当的句子来，其窘迫于产生的情况，真不下于科学者的发明。

> 当《死魂灵》第二部第三章翻译完了时，正是一九三六年的五月十五日。其始先生熬住了身体的虚弱，一直支撑着做工。等到翻译得以告一段落了的晚上，他抱着做下了一件如心的事之后似的，轻松地叹一口气说：休息一下罢！不过觉得人不大好。我就劝告他早些医治，后来竟病倒了。（见《鲁迅全集》第二十卷）

鲁迅工作的认真、刻苦，从来不肯丝毫偷懒。他译《死魂灵》第二部第三章中有一句"近乎刚刚出浴的眉提希的威奴斯的位置"，注云："威奴斯是罗马神话上的美和爱欲的女神，至今还存留着当时的好几种雕像。

'眉提希的威奴斯'（Venus de Medici）为克莱阿美纳斯（Cleomenes）所雕刻，一手当胸，一手置胸腹之间。"鲁迅为了要说明这姿势，曾费了很多的金钱和力气，才得查明。曹靖华的《从翻译工作看鲁迅先生》文中有云：

>……他知道眉提希的威奴斯，为克莱阿美纳斯所雕刻，但他没有见过雕刻的图像，不知出浴者的姿势，于是东翻西查，却偏觅不得，又买了日本新出的《美术百科全书》来查，依然没有，后来花了更多的力气，才查到注明出来。

此外，鲁迅的谦逊、节约、整洁、负责任、富友谊，以及为大众为儿童服务等等，都证明着他的人格的伟大，够得上做国民的模范。

至于鲁迅的思想，其本质是人道主义，其方法是战斗的现实主义。他生在国家民族最困厄的时代，内在者重重腐朽，外来者着着侵凌，他的敌忾心发为怒吼，来和那封建势力及帝国主义相搏斗，三十年如一日，全集二十大册，都是战斗精神的业绩。生平所最努力追求阐扬者，在"最理想的人性"，所以对于一切摧残或毒害"最理想的人性"的发展者——一切片面的不合理的制度文物莫不施以猛烈的无情的抨击。《狂人日记》中，首先提出"吃人"的礼教,来揭示其新的人生观和社会观(参阅茅盾著《最理想的人性》)。

鲁迅的思想,虽跟着时代的迁移,大有进展,由进化论而至唯物论,由个人主义而至集体主义,但有为其一贯的线索者在,这就是战斗的现实主义。其思想方法,不是从抽象的理论出发,而是从具体的事实出发的,在现实生活中得其结论。他目睹了父亲重病,服了种种奇特的汤药而终于死掉,便悟到中医的骗人;目睹了身体茁壮而神情麻木的中国人,将要被日军斩首示众,觉得人们的愚昧,无药可医,乃毅然弃医而习文艺;鉴于两个小白兔的失踪,生物史上不着一点痕迹,便感到生命的成就和毁坏实在太滥(《呐喊·兔和猫》);鉴于人力车夫扶助一个老女人,及其自我牺牲的精神,便悟到人类之有希望(《呐喊·一件小事》);鉴于汉字学习的艰难,全国文盲多得可怕,便大声疾呼地说:汉字和大众势不两立,必须改造,用新文字;看穿了孔教的专为统治者们和侵略者们所利用,而毅然说现在中国人民,对于孔子并无关系,并不亲密。

因之,鲁迅的著作中,充满着战斗精神,创造精神,以及为劳苦大众请命的精神。

先说他的战斗精神。上面已经略略提过,因为他对于事物,是非分明,爱憎彻底,发为战斗,所向披靡。常说文人:"不但要以热烈的憎,向'异己'者进攻,还得以热烈的憎,向'死的说教者'抗战。在现在这'可怜'的时代,能杀才能生,能憎才能爱,能生与爱,才能文。"(《且介亭杂文二集·七论"文人相轻"——两伤》)如果要举例,如《故事新编·铸剑》《野草·这样的战士》便是。

次说创造精神。创造精神是美的,战斗精神是力的,这二者互相关联;美者必有力,力者必有美。所以上面所举的《铸剑》《这样的战士》,也就是壮美的代表。鲁迅是诗人,他的著作都充满着美的创造精神,散文诗《野草》不待说,就是其余也篇篇皆诗,尤其是短评,不但体裁风格,变化无穷,内容又无不精练而锋利,深刻而明快,匕首似的刺入深际,又快镜似的反映社会政治的日常事变,使它毫无遁形,这些都是绝好的诗。有人说鲁迅没有长篇小说是件憾事,其实他是有三篇腹稿的,其中一篇是《杨贵妃》。他对于唐明皇和杨贵妃的性格,对于盛唐的时代背景,以及宫室服饰,用具等等,统统考证研究得很详细。他的写法,曾经说给我听过,系起于明皇被刺的一刹那间,从此倒回上去,把他的生平一幕一幕似的映出来。他说明皇和贵妃两人间的爱情早已衰歇了,不然何以会有七夕夜半,两人密誓愿世世为夫妇的情形呢?在爱情浓烈的时候,哪里会想到来世呢?他的知人论世,总是比别人深刻一层。这些腹稿,终于因为国难的严重,政治的腐败,生活的不安定，没有余暇把它写出，转而至于写那些匕首似的短评了。

最后说到为劳苦大众请命的精神。鲁迅在《我怎么做起小说来》文中说："所以我的取材，多采自病态社会的不幸的人们中，意思是在揭出病苦，引起疗救的注意。"又在《英译本〈短篇小说选集〉自序》文中说："使我能够间或和许多农民相亲近，逐渐知道他们是毕生受着压迫，很多苦痛……后来我看到一些外国的小说，尤其是俄国，波兰和巴尔干诸小国的，才明白了世界上也有这许多和我们的劳苦大众同一命运的人，而有些作家正在为此而呼号，而战斗。而历来所见的农村之类的景况，也更加分明地再现于我的眼前。偶然得到一个可写文章的机会，我便将所谓上流社会的堕落和下层社会的不幸，陆续用短篇小说的形式发表出来了。"鲁迅这些自述，完全真确，《阿Q正传》便是一个代表作。他映写了辛亥革命前夜的时代背景，农村的破产，失业，饥饿，榨取者和被榨取者的斗争，土豪劣绅对于革命的厌恶，贪官污吏对于革命的投机，以及阿Q及周围的人民对于革命的憧憬和模糊的认识，再穿插着革命的不彻底及其妥协精神，封建社会的崩溃。总之把所谓上流社会的堕落和下层社会的不幸，完全发表出来了，宜乎识者看了这篇写实作品，认为世界的了。

以上略述鲁迅的著作。

我们中华民族是伟大的。出了鲁迅这样有伟大人格和伟大思想的人物,足够增长我们民族的自信力了。我们要学习鲁迅!我们要学习鲁迅!

图书在版编目（CIP）数据

我的伯父鲁迅先生 / 周晔等著. -- 武汉：长江文艺出版社，2024.6
ISBN 978-7-5702-3645-9

Ⅰ.①我… Ⅱ.①周… Ⅲ.①鲁迅（1881-1936）—生平事迹 Ⅳ.①K825.6

中国国家版本馆 CIP 数据核字（2024）第 104533 号

我的伯父鲁迅先生
WO DE BOFU LUXUN XIANSHENG

责任编辑：姜 晶	责任校对：毛季慧
封面设计：陈希璇	责任印制：邱 莉 杨 帆

出版：长江出版传媒 长江文艺出版社
地址：武汉市雄楚大街 268 号　　邮编：430070
发行：长江文艺出版社
http://www.cjlap.com
印刷：武汉市籍缘印刷厂

开本：640 毫米×970 毫米　　1/16　　印张：7.5　　插页：4 页
版次：2024 年 6 月第 1 版　　2024 年 6 月第 1 次印刷
字数：67 千字

定价：24.00 元

版权所有，盗版必究（举报电话：027—87679308　87679310）
（图书出现印装问题，本社负责调换）